DES

SOCIÉTÉS EN COMMANDITE
PAR ACTIONS.

COMMENTAIRE

DE LA LOI DU 17 JUILLET 1856

POUVANT SERVIR DE

GUIDE PRATIQUE

POUR LA RÉDACTION DES ACTES DE SOCIÉTÉ, LA COMPOSITION ET LA TENUE DES ASSEMBLÉES GÉNÉRALES, ETC.

PAR

M. VAVASSEUR,

AVOCAT A LA COUR IMPÉRIALE DE PARIS.
(Ancien principal clerc de notaire à Paris.)

PARIS
IMPRIMERIE ET LIBRAIRIE GÉNÉRALE DE JURISPRUDENCE
COSSE ET MARCHAL, IMPRIMEURS-ÉDITEURS,
LIBRAIRES DE LA COUR DE CASSATION,
PLACE DAUPHINE, 27.

1856

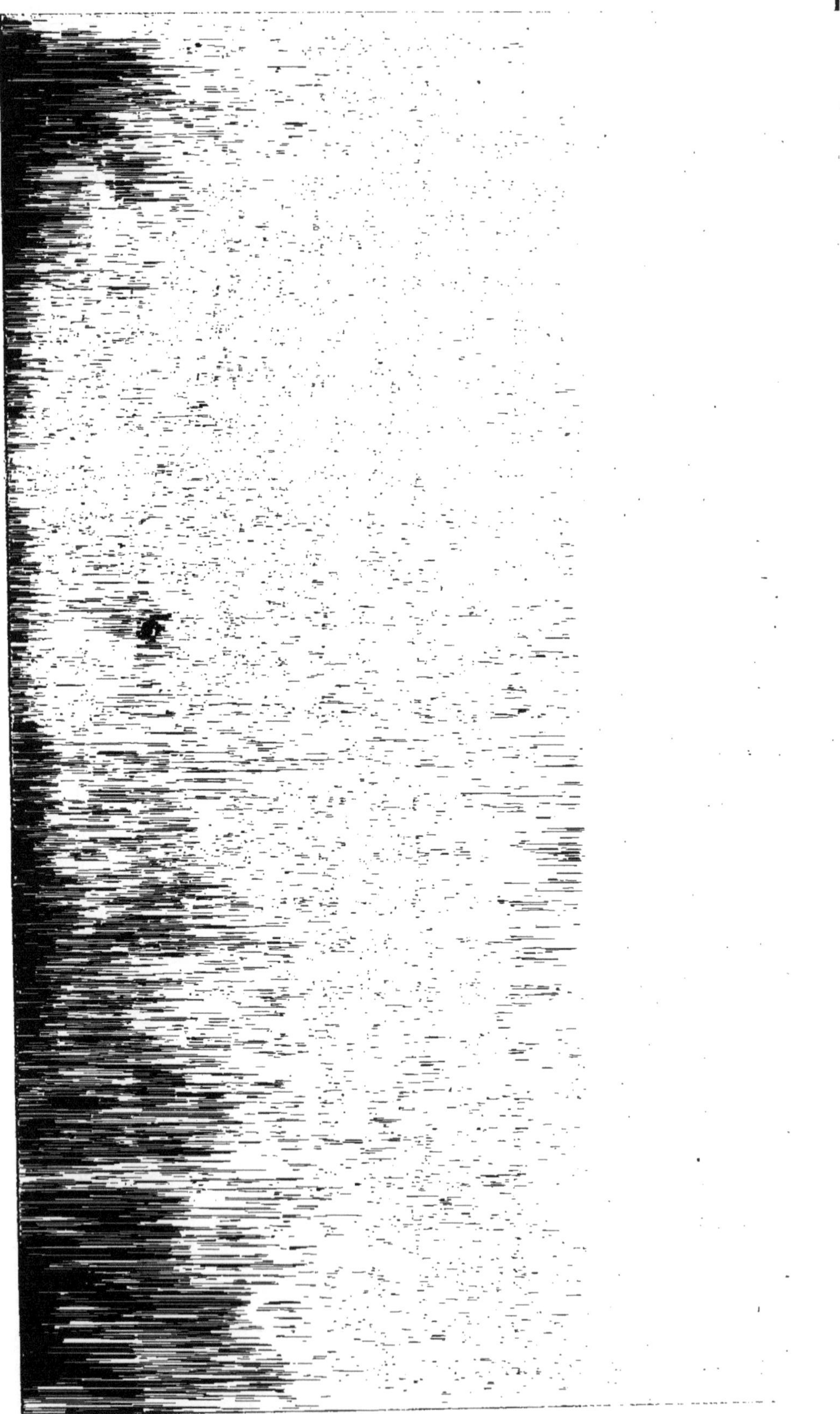

DES

SOCIÉTÉS EN COMMANDITE PAR ACTIONS.

COMMENTAIRE

DE LA LOI DU 17 JUILLET 1856.

Paris. – Imprimerie COSSE et J. DUMAINE, rue Christine, 2.

DES

SOCIÉTÉS EN COMMANDITE

PAR ACTIONS.

COMMENTAIRE

DE LA LOI DU 17 JUILLET 1856

POUVANT SERVIR DE

GUIDE PRATIQUE

POUR LA RÉDACTION DES ACTES DE SOCIÉTÉ, LA COMPOSITION ET LA TENUE DES ASSEMBLÉES GÉNÉRALES, ETC.

PAR

M. VAVASSEUR,

AVOCAT A LA COUR IMPÉRIALE DE PARIS.

(Ancien principal clerc de notaire à Paris.)

PARIS

IMPRIMERIE ET LIBRAIRIE GÉNÉRALE DE JURISPRUDENCE.

COSSE ET MARCHAL, IMPRIMEURS-ÉDITEURS,

LIBRAIRES DE LA COUR DE CASSATION,

PLACE DAUPHINE, 27.

1856

La loi sur les sociétés en commandite par actions impose-t-elle à l'industrie des entraves fâcheuses? Et, à un autre point de vue, dépasse-t-elle la mesure dans laquelle il est permis au législateur de toucher au principe de la liberté des conventions? Double problème qu'il appartient à l'économiste ou au philosophe de résoudre.

La loi est. Dans quel esprit doit-elle être appliquée? Telle est la question plus modeste que je veux examiner brièvement, et qui, par une heureuse coïncidence, suffit à la fois et à mes forces et à mon sujet.

L'exposé des motifs, le rapport de la commission du Corps législatif, seront, il est vrai, reproduits dans un appendice à la suite de ce commentaire ; cependant il ne sera peut-être pas inutile d'extraire de ces documents et de faire ressortir en quelques mots la pensée intime qui y est enfermée.

La sollicitude du législateur s'est principalement portée sur trois points :

1° L'agiotage sur des actions sans valeur, émises par des sociétés sans consistance ;

2° L'exagération habituelle tant de l'évaluation des apports que des avantages concédés aux gérants et fondateurs ;

3° Le défaut presque absolu de surveillance.

Le mal une fois signalé, on a cherché, pour le combattre, des moyens préventifs et répressifs ; de là, prescription de formes nouvelles pour la constitution des sociétés, et sanctions pénales pour la punition de certains faits érigés en délits.

La loi est avant tout une loi d'ordre public ; c'est là son caractère dominant. Elle veut protéger la morale contre le scandale de ces entreprises fantastiques, que d'audacieux intrigants avaient l'habileté de faire passer à travers les mailles trop relâchées du Code pénal. Mais en couvrant de sa protection les intérêts moraux de la société, elle défend par là même les intérêts privés qui s'engagent dans les compagnies industrielles. Quelques-unes de ses dispositions ont surtout en vue cette portion du public, dans laquelle se recrutent le plus ordinairement ces actionnaires trop confiants, innocent troupeau de dupes, toujours séduits et toujours prêts à se laisser séduire par le clinquant du charlatanisme.

A chaque jour son œuvre. lors de la confection du Code de commerce, on s'était préoccupé de ces sociétés qu'on avait vu former, quelques années auparavant, par des capitalistes qui voulaient garder le bénéfice de la position de commanditaires, tout en gérant eux-mêmes sous le nom d'un complaisant, de manière, en cas d'insuccès, à se retirer devant les créanciers sociaux, sans autre perte que leur mise. Aussi, c'était aux créanciers que la loi s'efforçait alors de donner la sécurité (1); tandis qu'aujourd'hui c'est aux actionnaires qu'elle vient porter secours, et elle entend que son intervention soit efficace; car pour les défendre en certain cas, elle confie à la justice le glaive de la vindicte publique.

Le conseil de surveillance était jusqu'ici facul-

(1) Art. 27 et 28 du Code de comm.

tatif, il devient obligatoire ; ses devoirs et ses attributions sont précisés. Il est impossible de s'expliquer les clameurs qui se sont élevées à ce sujet ; la vérité est que sa responsabilité, loin d'être aggravée, est rigoureusement circonscrite et par là même diminuée.

La loi a subi des attaques systématiques qu'elle ne mérite point ; et elle s'en défendrait par elle-même suffisamment, si elle n'avait pas eu le tort d'édicter une inflexible et routinière nullité dans son art. 6, et si l'obscure rédaction de l'art. 7 ne dissimulait pas de fâcheuses inconséquences.

La forme de ce travail n'est pas absolument celle du commentaire ; c'est que j'ai voulu adopter une méthode commode aux rédacteurs de statuts sociaux ; on sait en effet que ces statuts sont toujours rédigés en articles, groupés sous un certain nombre de titres, tels que : *Constitution de la société*. — *Des apports*, etc. — Ce sont précisément ces titres qui se retrouvent dans mon travail ; en sorte qu'il suffira presque toujours d'avoir sous les yeux, en rédigeant, la table-sommaire des matières, qui est en tête du volume, pour être assuré de l'observation de toutes les prescriptions légales. Qu'on ne s'avise donc pas d'attribuer à un superbe dédain pour l'exégèse, illustrée par tant de savants jurisconsultes, ce qui est un humble accommodement aux usages de la pratique.

La nouvelle loi est muette sur l'organisation des assemblées générales, qui reste, comme par le passé, abandonnée au hasard de statuts souvent imprévoyants ou obscurs ; elle se borne à indiquer une majorité obligatoire pour les deux premières assemblées qui doivent constituer la société, sans même déterminer les modes de convocation et de votation.

Ce que la loi a omis, ce règlement nécessaire à toutes les assemblées délibérantes, privées ou publiques, il est jusqu'à un certain point au pouvoir des chambres de notaires d'y suppléer ; qu'à l'exemple de ce qui s'est fait déjà pour d'autres actes (1), elles étudient et adoptent une formule d'acte de société, destinée à donner satisfaction aux prescriptions de la loi actuelle, et en même temps à parer à ses lacunes ; j'ose espérer que mon commentaire, avec sa méthode de division, avec les deux tables analytique et alphabétique (2) qui y sont

(1) La chambre des notaires de Paris a adopté un modèle de cahier des charges pour les adjudications d'immeubles, et un autre pour les adjudications de meubles incorporels.

(2) *V.* la table alphabétique, au mot *statuts*.

jointes pourrait être de quelque secours pour la rédaction de cette formule; trop heureux si j'ai ainsi contribué à faciliter des travaux que j'ai longtemps partagés.

TABLE ANALYTIQUE DES MATIÈRES.

Pages

SECTION II. — *Deuxième condition préalable à la constitution : Approbation des apports et avantages particuliers.*

SECTION III. — *Point de départ du délai des publications.*

Pages.

TITRE II. — DES APPORTS.

SECTION Ire. — *Première disposition : Vérification des apports.*

SECTION II. — *Seconde disposition. — Responsabilité des fondateurs.*

TITRE III. — DES ACTIONS.

SECTION Ire. — *Taux des actions.*

SECTION II. — *Forme des actions.*

Pages.

SECTION Ire. — *Nomination de ce conseil.*

SECTION II. — *Attributions du conseil de surveillance.*

SECTION III. — *Responsabilité des membres du conseil de surveillance.*

§ 1.—Responsabilité spéciale à l'origine de la société, en cas d'annulation.

§ 2.—Responsabilité générale encourue pendant le cours de la société.

LOI

du 17 juillet 1856,

SUR LES SOCIÉTÉS EN COMMANDITE PAR ACTIONS,

Promulguée le 23 juillet 1856.

Art. 1er. Les sociétés en commandite ne peuvent diviser leur capital en actions ou coupons d'actions de moins de cent francs, lorsque ce capital n'excède pas deux cent mille francs, et de moins de cinq cents francs, lorsqu'il est supérieur.

Elles ne peuvent être définitivement constituées qu'après la souscription de la totalité du capital social, et le versement par chaque actionnaire du quart au moins du montant des actions par lui souscrites.

Cette souscription et ces versements sont constatés par une déclaration du gérant dans un acte notarié;

A cette déclaration sont annexés, la liste des souscripteurs, l'état des versements faits par eux et l'acte de société.

Art. 2. Les actions des sociétés en commandite sont nominatives jusqu'à leur entière libération.

Art. 3. Les souscripteurs d'actions dans les sociétés en commandite sont, nonobstant toute stipulation contraire, responsables du paiement du montant total des actions par eux souscrites.

Les actions ou coupons d'actions ne sont négociables qu'après le versement des deux cinquièmes.

Art. 4. Lorsqu'un associé fait, dans une société en commandite par actions, un apport qui ne consiste pas en numéraire, ou stipule à son profit des avantages particuliers, l'assemblée générale des actionnaires en fait vérifier et apprécier la valeur.

La société n'est définitivement constituée qu'après approbation dans une réunion ultérieure de l'assemblée générale.

Les délibérations sont prises par la majorité des actionnaires présents. Cette majorité doit comprendre le quart des actionnaires, et représenter le quart du capital social en numéraire.

Les associés qui ont fait l'apport, ou stipulé les avantages soumis à l'appréciation de l'assemblée, n'ont pas voix délibérative.

Art. 5. Un conseil de surveillance, composé de cinq actionnaires au moins, est établi dans chaque société en commandite par actions.

Ce conseil est nommé par l'assemblée générale des actionnaires immédiatement après la constitution définitive de la société, et avant toute opération sociale.

Il est soumis à la réélection tous les cinq ans au moins ; toutefois le premier conseil n'est nommé que pour une année.

Art. 6. Est nulle et de nul effet à l'égard des intéressés toute société en commandite par actions, constituée contrairement à l'une des prescriptions énoncées dans les articles qui précèdent.

Cette nullité ne peut être opposée aux tiers par les associés.

Art. 7. Lorsque la société est annulée aux termes de l'article précédent, les membres du conseil de surveillance peuvent être déclarés responsables, solidairement et par corps avec les gérants, de toutes les opérations faites postérieurement à leur nomination.

La même responsabilité solidaire peut être prononcée contre ceux des fondateurs de la société qui ont fait un apport en nature, ou au profit desquels ont été stipulés des avantages particuliers.

Art. 8. Les membres du conseil de surveillance vérifient les livres, la caisse, le portefeuille et les valeurs de la société.

Ils font, chaque année, un rapport à l'assemblée générale sur les inventaires, et sur les propositions de distribution de dividendes faites par le gérant.

Art. 9. Le conseil de surveillance peut convoquer l'assemblée générale. Il peut aussi provoquer la dissolution de la société.

Art. 10. Tout membre d'un conseil de surveillance est responsable, avec les gérants, solidairement et par corps :

1° Lorsque, sciemment, il a laissé commettre dans les inventaires des inexactitudes graves, préjudiciables à la société ou aux tiers;

2° Lorsqu'il a, en connaissance de cause, consenti à la distribution de dividendes non justifiés par des inventaires sincères et réguliers.

Art. 11. L'émission d'actions ou de coupons d'actions d'une société, constituée contrairement aux articles 1 et 2 de la présente loi, est punie d'un emprisonnement de huit jours à six mois, et d'une amende de cinq cents francs à dix mille francs, ou de l'une de ces peines seulement.

Est puni des mêmes peines le gérant qui commence les opérations sociales avant l'entrée en fonctions du conseil de surveillance.

Art. 12. La négociation d'actions ou de coupons d'actions dont la valeur ou la forme serait contraire aux dispositions des articles 1 et 2 de la présente loi, ou pour lesquels le versement des deux cinquièmes n'aurait pas été effectué, conformément à l'article 3, est punie d'une amende de cinq cents francs à dix mille francs.

Sont punies de la même peine toute participation à ces

négociations et toute publication de la valeur desdites actions.

ART. 13. Sont punis des peines portées par l'article 405 du Code pénal, sans préjudice de l'application de cet article à tous les faits constitutifs du délit d'escroquerie :

1° Ceux qui, par simulation de souscriptions ou de versements, ou par la publication faite de mauvaise foi de souscriptions ou de versements qui n'existent pas, ou de tous autres faits faux, ont obtenu ou tenté d'obtenir des souscriptions ou des versements;

2° Ceux qui, pour provoquer des souscriptions ou des versements, ont, de mauvaise foi, publié les noms de personnes désignées contrairement à la vérité, comme étant ou devant être attachées à la société à un titre quelconque;

3° Les gérants qui, en l'absence d'inventaire ou au moyen d'inventaires frauduleux, ont opéré entre les actionnaires la répartition de dividendes non réellement acquis à la société.

L'article 463 du Code pénal est applicable aux faits prévus par le présent article.

ART. 14. Lorsque les actionnaires d'une société en commandite par actions ont à soutenir collectivement et dans un intérêt commun, comme demandeurs ou comme défendeurs, un procès contre les gérants ou contre les membres du conseil de surveillance, ils sont représentés par des commissaires nommés en assemblée générale.

Lorsque quelques actionnaires seulement sont engagés comme demandeurs ou comme défendeurs dans la contestation, les commissaires sont nommés dans une assemblée spéciale composée des actionnaires parties au procès.

Dans le cas où un obstacle quelconque empêcherait la nomination des commissaires par l'assemblée générale ou par l'assemblée spéciale, il y sera pourvu par le tribunal de commerce, sur la requête de la partie la plus diligente.

Nonobstant la nomination des commissaires, chaque actionnaire a le droit d'intervenir personnellement dans l'instance, à la charge de supporter les frais de son intervention.

Art. 15. Les sociétés en commandite par actions actuellement existantes, et qui n'ont pas de conseil de surveillance, sont tenues, dans le délai de six mois, à partir de la promulgation de la présente loi, de constituer un conseil de surveillance.

Ce conseil est nommé conformément aux dispositions de l'article 5.

Les conseils déjà existants, et ceux qui sont nommés en exécution du présent article, exercent les droits et remplissent les obligations déterminés par les articles 8 et 9; ils sont soumis à la responsabilité prévue par l'article 10.

A défaut de constitution du conseil de surveillance dans le délai ci-dessus fixé, chaque actionnaire a le droit de faire prononcer la dissolution de la société. Néanmoins, un nouveau délai peut être accordé par les tribunaux, à raison des circonstances.

L'article 14 est également applicable aux sociétés actuellement existantes.

COMMENTAIRE.

TITRE PREMIER.

Constitution de la Société.

1. La loi nouvelle établit deux conditions, sans lesquelles la société ne peut valablement être constituée ; elle exige :

1° La souscription de la totalité, et le versement du quart du capital social ;

2° La vérification, en assemblée générale, de la valeur des apports qui ne consistent pas en numéraire, et de l'importance des avantages particuliers qui ont pu être stipulés.

2. Avant tout, même avant de solliciter des souscriptions, il a fallu rédiger les statuts de la société, et en dresser un acte.

Quelle doit être la forme de cet acte? La loi nouvelle n'innove point à cet égard; il peut être fait devant notaire, ou simplement sous signature privée (1).

3. Quelques praticiens se sont demandé si l'acte de société peut émaner du gérant seul; ou si, au contraire, pour former le lien de droit, la masse commanditaire ne doit pas y être représentée par un ou plusieurs souscripteurs. Ils semblaient craindre que l'acte, dans le premier cas, ne fût considéré comme un simple projet, sans aucune force obligatoire; et que la souscription des actions intervenant sur une pareille base, ne se trouvât à son tour dépourvue de valeur. Il y a une grande exagération dans cette crainte; le contrat de société est sans doute un contrat synallagmatique, qui ne peut exister que par l'accord de deux volontés, mais il n'est pas nécessaire que cet accord se manifeste simultanément; l'acte signé du gérant constitue la première phase de la convention sociale, c'est-à-dire l'offre de s'associer, adressée à tous ceux qui voudront souscrire des actions; la souscription, qui n'est autre chose que l'acceptation de l'offre, vient compléter le contrat et lui donner la vie.

4. La souscription produit cet effet immédiate-

---

(1) Cette liberté n'est pas sans inconvénients : qui sera le dépositaire de l'acte privé jusqu'au dépôt prescrit par la loi nouvelle? D'ailleurs cet acte pouvant émaner du gérant seul (*a*), qui garantira son identité avec l'acte déposé? La forme authentique sera évidemment préférable dans tous les cas.

(*a*) *Infrà*, n°s 3 et 5.

ment si elle est pure et simple ; toute condition suspensive présenterait d'ailleurs des dangers : qu'il soit dit dans les statuts, par exemple, que la qualité d'actionnaire résultera seulement du versement ou de la remise des actions ; si la dissolution de la société arrive prématurément, le souscripteur non libéré soutiendra que la condition ne peut plus s'accomplir en temps utile et qu'il est dégagé ; ainsi le contrat ne pourrait plus se former, et il serait même censé n'avoir jamais existé (1).

5. Une difficulté plus grave pourra naître si l'acte de société émané du gérant seul était dans la forme privée, surtout s'il était resté dans ses mains : car l'identité même de l'acte serait alors sujette à contestation ; puisqu'un gérant malhonnête aurait eu toute facilité pour lui substituer un acte nouveau et entièrement dissemblable ; et ce serait bien entendu aux contestants à produire la preuve si délicate de la substitution.

Revenons maintenant aux deux conditions dont nous avons parlé.

SECTION PREMIÈRE.

Première condition préalable à la constitution.

6. Elle est comprise dans l'art. 1er de la loi, qui dispose ainsi :

---

(1) C'est ce qui a été jugé par arrêt de la chambre des requêtes du 27 décembre 1853, qui a rejeté le pourvoi formé contre un arrêt de la Cour de Dijon du 27 janvier précédent (D.P. 54.1.142).

Les sociétés en commandite « ne peuvent être dé-« finitivement constituées qu'après la souscription de « la totalité du capital social, et le versement par « chaque actionnaire du quart au moins du mon-« tant des actions par lui souscrites.

« Cette souscription et ces versements sont consta-« tés par une déclaration du gérant dans un acte « notarié.

« A cette déclaration sont annexés, la liste des « souscripteurs, l'état des versements faits par eux, « et l'acte de société. »

7. La souscription de la totalité et le versement du quart des actions devront-ils avoir lieu simultanément? La loi ne le prescrit pas; toute liberté sera donc laissée aux sociétés sur ce point; mais c'est une liberté dont elles devront rarement user, sous peine de se voir exposées, dès leur début, à une foule de contestations qui auraient pour effet d'ajourner, et souvent de compromettre leur constitution. En effet, ce que la loi ordonne, ce n'est pas le versement du quart du capital social, opéré indifféremment par tels ou tels actionnaires, c'est le versement *par chaque actionnaire* du quart des actions par lui souscrites. Elle a voulu des associés sérieux, tous engagés par un premier versement, et responsables du surplus. Or, qu'arriverait-il si un gérant avait l'imprudence de recueillir des souscriptions, sans recevoir en même temps le premier quart? C'est que, lorsqu'il ferait appel de ce quart, s'il y avait des retardataires, il faudrait, avant

de pouvoir constituer la société, intenter et mettre à fin, contre chacun d'eux, des poursuites judiciaires toujours onéreuses et qui feraient perdre un temps précieux.

8. Il n'y aurait qu'un moyen de parer à ce danger ; ce serait de le prévoir dans l'acte de société, et d'y stipuler que, huitaine après une mise en demeure infructueuse, la souscription serait considérée comme non avenue. Nous ne saurions recommander cette clause avec trop d'insistance, pour le cas où la société croirait avoir intérêt à recueillir les souscriptions sans les faire accompagner du versement du premier quart.

9. A défaut de cette clause, une demande judiciaire, avons-nous dit, devrait être formée contre chacun des souscripteurs en retard ; du reste, dans cette situation, le gérant aurait l'option entre deux actions : il pourrait conclure, soit à la résolution de la souscription pour inexécution de la condition du versement, soit au paiement de la somme exigible.

10. La loi exige la souscription de la totalité du capital social : il ne sera donc plus possible de l'émettre par séries successives, comme on l'a pratiqué quelquefois. Cependant le rapport de M. Langlais (de la Sarthe) contient un passage qui pourrait faire concevoir des doutes : « On stipule quelque-« fois, dit-il, dans les actes de société, qu'une por-« tion seulement du capital social sera émise provi-« soirement, et on abandonne au gérant, soit seul, « soit avec l'autorisation du conseil de surveillance,

« la faculté de faire émission d'une nouvelle série « d'actions. De là peuvent naître des abus de toute « sorte, et nous avions proposé qu'on subordonnât « cette émission à la double condition que le capital « primitif fût recouvré en totalité, et que l'assem- « blée générale des actionnaires eût donné son « autorisation. Le conseil d'État a rejeté cet amen- « dement. »

A la lecture de ce passage, on se pose immédiatement ces deux questions : Pourquoi l'amendement? Et pourquoi le rejet? L'une est aussi embarrassante que l'autre. Pourquoi un amendement qui prévoit la division du capital social en plusieurs séries d'actions à émettre successivement, lorsque l'art. 2 exige si formellement la souscription *intégrale* avant la constitution de la société? C'est à peine si cette contradiction est explicable par l'historique de la formation de la loi : le projet du conseil d'État n'exigeait pas la souscription intégrale; il se contentait d'un versement partiel, sans lequel, dit l'exposé des motifs, « il est presque toujours impos- » sible de commencer de sérieuses opérations. » Si cet état de choses avait été maintenu, on aurait compris l'utilité et la logique de l'amendement; car il eût été de bonne règle d'empêcher toute émission nouvelle avant le recouvrement des premières séries émises, et de prescrire en tous cas l'autorisation de l'assemblée générale.

Mais le projet du conseil d'État fut modifié par un autre amendement, qui passa dans l'art. 1er de la loi, et qui a eu pour but de prescrire la souscription intégrale; il y a plus; le projet se bornait à ordonner la réalisation préalable du quart du capital; cet amendement voulut que la réalisation du quart fût spécialement applicable à chaque action en particulier. Dès lors, comment concevoir que de nouvelles séries d'actions puissent être émises après la constitution de la société? Et cependant, le rapport semble supposer licite sous la loi nouvelle la stipulation d'une telle émission! Il n'est pas possible de supposer dans cette pièce, d'ailleurs fort remarquable, une erreur sur le fond du droit; il ne peut y avoir qu'inadvertance de rédaction; le rapporteur a probablement interverti l'ordre dans lequel ont dû être présentés les deux amendements; celui relatif aux émissions de série a été évidemment le premier; en présence du projet de loi intact, il avait *sa raison d'être*; et ce n'est qu'après le rejet de cet amendement que la commission a sans aucun doute présenté celui qui prescrit la souscription intégrale.

Il n'y a donc aucun argument à tirer, en faveur de l'émission par séries, ni des termes du rapport, ni du rejet par le conseil d'État de l'amendement qui devait réglementer cette émission. Le second amendement, passé dans l'art. 1er de la loi, prescrit d'une manière absolue la souscription intégrale du capital social avant la constitution de la société, et s'oppose ainsi à toute émission ultérieure.

11. La division des actions en séries est cepen-

dant une combinaison qui a été trouvée ingénieuse, et qui a été souvent employée avec avantage. Une société, à son origine, ne saurait prévoir le développement que prendront ses opérations; fixer à l'avance le capital nécessaire dans toutes les éventualités doit être toujours chose délicate; un capital émissible par séries, c'est-à-dire suivant la progression des besoins, résolvait parfaitement la difficulté; et la loi nouvelle, en s'opposant absolument à la constitution de la société avant la souscription intégrale de son capital, a enlevé à l'industrie un procédé qui a rendu et pouvait rendre encore d'utiles services.

12. Ce procédé est d'autant plus regrettable qu'en cas d'insuffisance du capital, un appel de fonds ne pourrait avoir lieu sans l'assentiment unanime des actionnaires; la majorité ne pourrait contraindre les dissidents (1), et peut-être se trouverait-on réduit à la dure extrémité d'une dissolution inopportune et ruineuse.

13. Cependant des statuts prévoyants pourraient sauver la société de cette crise en autorisant une augmentation du capital social, qu'il serait juste de réserver par préférence aux actionnaires. Cette augmentation serait votée en assemblée générale, et la majorité ferait loi dans la circonstance.

Dira-t-on que ce serait là une infraction à l'art. 1er, qui exige la souscription de tout le capital dès

(1) M. Troplong, *Des Sociétés*, n° 181.

l'origine? que ce serait un moyen détourné d'émettre de nouvelles séries d'actions après la constitution de la société? Cette objection serait sans fondement; car la loi serait respectée dans son esprit, aussi bien que dans sa lettre; pourquoi en effet la loi veut-elle que le capital soit entièrement souscrit? Le rapport nous l'apprend; parce que « C'est vraiment un des signes auxquels on reconnaît qu'une « société est sérieuse. » Ah! sans doute, s'il y avait combinaison frauduleuse d'un capital primitif intentionnellement amoindri, avec cette réserve d'augmentations ultérieures, il y aurait violation de l'esprit de la loi, et la société serait infailliblement annulée, à la demande des intéressés. Mais si les choses se sont loyalement passées, la stipulation sera valable et la société maintenue.

14. Si l'on veut éviter de recourir à une augmentation de capital, c'est de le fixer largement dès le commencement; la loi demande le versement immédiat d'un quart seulement des actions; que les trois autres quarts soient divisés en fractions exigibles, soit à des époques périodiques, soit même lors des besoins de la société, on arrivera ainsi au même résultat que par des émissions d'actions nouvelles; et si la totalité ne devenait pas nécessaire, les actions pourraient être libérées par anticipation, même au-dessous du taux minimum fixé par la loi, comme nous le verrons plus loin (1).

---

(1) *Infrà*, n° 53.

15. Toutefois, la libération des actions pouvant être ainsi longtemps retardée, et les actions devant rester jusque-là nominatives, ce qui nuirait doublement à leur négociation, la réserve d'augmentation éventuelle du capital serait préférable.

16. C'est en espèces que les actionnaires doivent effectuer leurs versements. La dation en paiement de billets ou valeurs quelconques n'opérerait pas leur libération définitive, à moins que les statuts ne donnent au gérant une autorisation spéciale à cet égard (1).

17. Lorsque le gérant a recueilli toutes les souscriptions, et encaissé le quart au moins de chaque action, il doit se présenter chez un notaire et produire :

---

(1) C'est à tort qu'on a soutenu que les actionnaires seraient libérés, sauf la responsabilité du gérant envers la société; que le gérant puisse faire une novation avec un débiteur de la société, c'est ce qui serait déjà contestable; mais qu'à l'origine même, et alors qu'il s'agit de réunir le capital social, il accepte, de son autorité privée, des valeurs peut-être mauvaises, au lieu d'espèces, c'est ce qu'il n'est pas possible d'admettre; il ne s'agit pas là d'un acte d'administration, et ce n'est pas le cas de rechercher quel est le plus ou le moins d'étendue de ses pouvoirs vis-à-vis des tiers; il est en présence de coassociés qui ont promis du numéraire; c'est de numéraire que la société a besoin pour marcher: c'est en numéraire que les autres associés ont opéré leurs mises; l'égalité serait rompue si quelques-uns pouvaient être ainsi favorisés au détriment de tous par des décharges qui, si elles étaient multipliées, seraient un obstacle au fonctionnement de la société (Comp. M. Troplong, *Des Sociétés*, n° 175).

1° La liste complète des souscripteurs, avec leurs prénoms et demeures;

2° L'état des versements opérés;

3° L'acte de société, s'il a été dressé sous signatures privées.

Ces trois pièces, certifiées par lui, sont annexées à la minute de l'acte qu'il fait dresser, pour rendre authentique sa déclaration que la société se trouve ainsi constituée; sauf pourtant l'accomplissement de la seconde condition, sur laquelle nous nous expliquerons sous la section suivante.

Si l'acte de société avait été dressé en la forme notariée, il est évident que l'annexe d'une expédition de cet acte serait complétement superflue, surtout si la déclaration du gérant était passée devant le même notaire.

SECTION II.

Deuxième condition préalable à la constitution.

18. Elle résulte de l'art. 4 de la loi; dont la première partie est ainsi conçue :

« Lorsqu'un associé fait, dans une société en com-
« mandite par action, un apport qui ne consiste
« pas en numéraire, ou stipule à son profit des avan-
« tages particuliers, l'assemblée générale des action-
« naires en fait vérifier et apprécier la valeur.

« La société n'est définitivement constituée
« qu'après approbation, dans une réunion ulté-
« rieure de l'assemblée générale. »

L'assemblée générale reçoit ainsi une mission et

des pouvoirs nouveaux, dont il importe de préciser l'étendue.

§ 1er. — *Mission et pouvoirs de l'assemblée générale.*

19. Constatons-le d'abord : deux délibérations doivent toujours avoir lieu. Le texte est formel; pourtant, dans plus d'une circonstance, il arrivera qu'un premier examen sera suffisant pour éclairer les actionnaires, dont la plupart auront d'ailleurs pris au moins quelques renseignements avant de souscrire; l'assemblée générale pourra-t-elle, dans ce cas, se dispenser d'une seconde réunion, et voter, séance tenante, l'approbation du chiffre des apports et des avantages particuliers?

20. Je réponds négativement sans hésiter. Qu'a voulu la loi nouvelle? Protéger les actionnaires contre leur propre entraînement; leur donner, malgré eux-mêmes, la liberté de l'examen, le loisir de la réflexion, et l'occasion d'un débat contradictoire. Elle a voulu les placer dans la situation où se trouve tout particulier au moment où il va contracter : la sollicitude de son intérêt est assez puissante pour le porter à s'éclairer et à réfléchir avant de s'engager définitivement; or, il est constant qu'il n'en est point de même des actionnaires, que trop souvent on cherche à éblouir au mirage de prospectus pompeux; qui, pris isolément, n'ont ni les moyens, ni le temps de faire les vérifications, indispensables cependant, pour donner une valeur morale à toute résolution libre, à tout consentement raisonnable.

21. Ce que la nature des choses ne permettait pas d'obtenir de l'individu, la loi le demande à la collection; les actionnaires se réuniront pour faire en commun l'examen. Mais, à la première réunion, ils ne peuvent prendre aucune décision qui les engage, émettre aucun vote définitif; car ils sont alors, comme au moment de la souscription, sous l'empire des annonces et des prospectus, livrés peut-être aux plus chimériques illusions; et ils ne sont pas en état de délibérer avec maturité, de résister à une parole habile et séduisante. Quel est donc l'objet de cette première réunion des actionnaires? C'est d'entendre les explications des gérants ou fondateurs, de se communiquer leurs impressions, d'interroger, de discuter, puis, s'ils le jugent convenable, de nommer parmi eux une commission chargée de s'entourer de tous les documents nécessaires, pour faire un rapport et donner son avis lors de la réunion prochaine (1).

---

(1) Un amendement de la commission du Corps législatif proposait d'ordonner, comme mesure obligatoire, la nomination, par la première assemblée générale, d'une commission de contrôle composée de trois membres, à laquelle il serait adjoint un ou plusieurs experts étrangers à la société. C'était préciser bien rigoureusement, comme l'a reconnu M. Langlais, rapporteur, les formes de vérification; aussi l'amendement fut-il repoussé par le conseil d'État, auquel fut alors proposé un nouvel amendement qui fut accueilli et qui est la rédaction consacrée par l'art. 4. Que résulte-t-il de là? que la commission de contrôle pourra être organisée par la première assemblée générale comme celle-ci l'entendra; ue même aucune commission pourra n'être nommée; mais il n'en ré-

22. Une seconde convocation de l'assemblée générale aura donc lieu pour approuver ou rejeter l'évaluation des apports, ainsi que les avantages particuliers alloués aux fondateurs. En cas de rejet, la constitution de la société sera impossible; mais cette impossibilité sera-t-elle absolue, en ce sens que les gérants ou fondateurs diminueraient en vain leurs prétentions, si la diminution n'était pas acceptée par l'assemblée? Sans nul doute, puisque les chiffres réduits devraient encore être approuvés par les actionnaires. En sorte qu'il est vrai de dire, qu'à moins d'un accord immédiat et constaté, séance tenante, un vote de rejet équivaudrait à l'annulation des souscriptions et, par suite, de la société elle-même (1).

23. Toutefois, une question se présente ici : l'accord dont nous venons de parler pourrait-il être répudié par la minorité de l'assemblée? Au nom de la minorité, on dira que la mission de l'assemblée générale est déterminée et limitée par la loi; que son vote doit uniquement porter sur les chiffres

---

sulte pas que le vote pourra avoir lieu séance tenante. Lors même qu'il s'agirait de l'évaluation la plus facile, il serait encore souverainement imprudent de ne pas suivre la marche si formellement indiquée par l'art. 4, en présence de la sanction de nullité édictée par l'art. 6 pour le cas de violation *de l'une des prescriptions* énoncées dans les cinq premiers articles.

(1) Cet accord immédiat, séance tenante, sera presque toujours impossible, parce qu'il exige l'unanimité des actionnaires, qui ne sont jamais tous présents à l'assemblée (V. *infrà*, n° 24).

fixés par les statuts sociaux ; qu'elle doit les accepter ou les rejeter purement et simplement ; qu'admettre d'autres chiffres, même réduits, c'est faire une transaction pour laquelle elle est sans pouvoirs, ou du moins, c'est modifier le contrat dans l'une de ses bases essentielles ; que, du moment où il est démontré que les gérants ou fondateurs ont voulu exagérer leurs droits et avantages, chacun doit être libre de ne pas rester engagé vis-à-vis d'hommes qui débutent ainsi par une tentative de fraude. La minorité invoquera l'amendement plus explicite qui avait été d'abord soumis au conseil d'Etat, amendement qui, sans doute, a été modifié par l'art. 4 de la loi, mais dont l'esprit, quant au point qui nous occupe, s'est évidemment maintenu dans la rédaction définitive ; or, cet amendement portait : « L'as-« semblée *approuve ou rejette* l'apport à la majorité « des voix ; dans le cas d'approbation, la société est « définitivement constituée. » Ce qui semblait bien n'admettre aucun moyen terme entre l'approbation ou le rejet.

La majorité répondrait, sans doute, avec l'adage — Qui peut le plus peut le moins — que, si elle a reçu de la loi le pouvoir d'approuver le chiffre intégral de l'apport, elle peut, *à fortiori*, accepter un chiffre moindre ; que ce n'est pas là une transaction, mais un acte nécessaire, découlant virtuellement de son droit d'appréciation, avantageux d'ailleurs pour la masse commanditaire qui n'a aucun intérêt à le contester ; qu'on ne saurait tirer argument d'une prétendue tentative de fraude, qui peut n'être qu'une erreur parfaitement loyale, et qui, jusqu'à preuve contraire, doit être présumée telle ; que le texte de la loi, aussi bien que celui de l'amendement, d'ailleurs modifié, laisse la question indécise ; et enfin que vouloir, dans ces circonstances, empêcher l'association, ce serait profiter d'une occasion illégitime pour retirer un engagement dont la raison et l'équité réclament le maintien.

24. Entre ces deux opinions, je penche pour la première, quoique plus rigoureuse. En effet, si la majorité peut obliger la minorité, ce n'est que dans les actes d'administration ; si elle peut même, sous certains rapports et dans certaines limites assez étroites, modifier les statuts sociaux, ce n'est que lorsque la société est constituée ; mais à l'origine même, et alors qu'il s'agit de former le contrat, il faut l'assentiment unanime. La loi, sans doute, aurait pu conférer à l'assemblée générale le pouvoir d'accepter une modification dans le chiffre des apports et des avantages particuliers ; mais elle aurait dû s'expliquer formellement, et elle ne l'a point fait. D'où je conclus qu'en cas de refus d'approbation, la société ne peut se constituer que du consentement unanime, non pas seulement des membres de l'assemblée, mais de tous les actionnaires sans exception.

25. Il sera possible, du reste, d'éviter le grave inconvénient de cette situation que la loi semble n'avoir pas prévue : ce sera d'insérer dans les sta-

tuts une clause autorisant la majorité de l'assemblée à accepter toute diminution sur les évaluations contenues dans l'acte social ; cette stipulation sera assurément licite et liera la minorité (1).

---

(1) Plusieurs systèmes s'étaient produits au sujet de la vérification des apports ; il est inutile de les rappeler ; nous renvoyons au rapport de M. Langlais et au compte rendu de la discussion devant le Corps législatif. Constatons seulement que la combinaison adoptée est la plus simple et celle qui atteint le mieux le but qu'on se proposait : éclairer les actionnaires et ne les laisser s'engager qu'en connaissance de cause, tout en respectant le principe de la liberté des conventions. Cependant, depuis la loi, on a élevé de vives critiques contre cette combinaison ; on a particulièrement déploré l'obligation imposée à celui dont l'apport consisterait dans une invention d'en faire la divulgation, pour la soumettre à une assemblée générale qui pourrait capricieusement rejeter l'apport ; en sorte, dit-on, « que cet homme se trouverait ainsi dépouillé de « sa propriété la plus intime et la plus sacrée. » Ces plaintes, que nous trouvons formulées dans un *Commentaire* de la loi nouvelle, par M. Eugène Paignon, ancien avocat à la Cour de cassation, sont en réalité sans aucun fondement : s'il s'agit d'une invention brevetée, ce ne sont pas seulement les actionnaires qui auront le secret de l'inventeur, c'est le public tout entier, puisque le brevet n'aura été délivré qu'à la condition d'une description minutieuse et fidèle sur un registre public. S'il s'agit d'une invention non brevetée, d'une idée quelconque, d'une combinaison financière, exemple proposé par M. Paignon, est-ce que sous la loi ancienne la divulgation ne devait pas en être faite aussi bien que sous la loi nouvelle ? La seule différence, c'est qu'au lieu d'être faite en assemblée générale, elle avait lieu pour chaque actionnaire individuellement au moment de la souscription. A moins qu'on ne veuille soutenir que les actionnaires souscrivaient les yeux fermés, et sur la seule affirmation du merveilleux procédé ! Ce qui serait assez pour nous faire préférer le prétendu inconvénient d'une divulgation, qui d'ailleurs pourra être évitée quand il y aura nécessité

§ 2.— *Organisation des deux premières assemblées générales.*

26. L'organisation des assemblées chargées d'approuver l'apport et les avantages particuliers, et qui recevraient avec vérité le nom d'*assemblées constituantes*, est réglée comme il suit par la seconde partie de l'art. 4 :

« Les délibérations sont prises par la majorité des « actionnaires présents. Cette majorité doit com-« prendre le quart des actionnaires et représenter le « quart du capital social en numéraire.

« Les associés qui ont fait l'apport, ou stipulé des « avantages soumis à l'appréciation de l'assemblée, « n'ont pas voix délibérative. »

27. Pour la validité des deux délibérations qui doivent précéder la constitution de la société, la loi exige la majorité des suffrages des membres présents.

28. Mais elle exclut du vote les associés qui ont fait l'apport à évaluer ou stipulé les avantages à apprécier ; et c'est justice, car autrement ils seraient en même temps juges et parties. C'est avec d'autant plus de raison que leurs voix ont été écartées, qu'elles eussent toujours représenté une portion considérable du capital social ; aussi la loi a-t-elle attaché à leur exclusion la plus grande importance.

---

réelle. En effet, que l'apport consiste dans un secret de fabrication non breveté, qui empêchera de déposer chez un notaire, dans un pli cacheté, la formule du secret ? Les produits obtenus ne suffiront-ils pas par eux-mêmes pour attester l'excellence du procédé ?

L'alinéa précédent du même article, calculant la majorité sur le capital en numéraire, suffisait peut-être : elle a voulu une disposition formelle qui ne laissât même aucune prise au doute.

Il importe peu que les associés, ainsi tenus à l'écart, aient reçu des actions ou une part des produits, ou même de l'argent; ils n'ont jamais voix délibérative : le motif de leur exclusion subsiste dans tous les cas (1).

Ils sont seulement admis à assister à l'assemblée et à prendre part à la discussion : là se borne leur droit.

29. Le vote a lieu par tête, et non en raison du nombre d'actions possédées par chaque actionnaire. C'est, comme on l'a fait remarquer, le suffrage universel introduit dans le régime des assemblées d'actionnaires; mais il n'y a pas à s'en plaindre : c'était le seul moyen d'empêcher le retour des abus qu'on voulait détruire; car on sait parfaitement qu'à l'origine, les fondateurs, leurs clients et amis, se partagent une grande partie des actions, et forment ainsi un noyau qui aurait emporté la majorité, si elle avait été déterminée par le nombre des actions de chaque votant.

30. Toutefois, la loi a pris soin d'éviter l'écueil

---

(1) M. Paignon, dans le travail déjà cité, semble accorder le droit de vote à l'associé qui aurait reçu des actions en représentation de son apport ; c'est là une erreur manifeste et vraiment inexplicable, en présence des termes absolus de l'art. 4 (n° 74).

contraire : elle n'a pas voulu qu'une majorité de petits actionnaires, ne réunissant peut-être qu'une fraction minime du capital social, pût émettre un vote valable ; de même que la majorité doit comprendre un quart de tous les actionnaires, de même aussi elle doit représenter, au minimum, un quart du capital social en numéraire.

31. Je ne saurais partager les doutes qu'on a émis sur la possibilité de réunir une assemblée assez nombreuse pour former la majorité légale ; ce n'est jamais à l'origine d'une entreprise, quelle qu'elle soit, que le zèle fait défaut.

S'il arrivait, cependant, que l'assemblée ne fût pas en nombre pour délibérer, qu'en résulterait-il ? Devrait-on assimiler à un refus d'approbation l'absence de la majorité des actionnaires, et la constitution de la société se trouverait-elle dorénavant impossible ? Non, assurément ; il faut qu'il y ait délibération et vote d'approbation ou de rejet ; jusque-là le gérant est lié ; les souscripteurs le sont aussi, et les engagements réciproques subsisteraient toujours malgré l'insuffisance d'une seconde, d'une troisième réunion. Car dès lors qu'on admet ce point comme constant, et il est impossible de ne pas l'admettre, que la défaillance de la première assemblée n'équivaut pas à un vote de rejet, on est invinciblement conduit à décider que celle des assemblées postérieures ne produira pas plus d'effet. Nous objectera-t-on qu'on pourrait ainsi provoquer des réunions à l'infini sans sortir de l'impasse ? Sans doute, le champ des hypothèses est vaste, mais il est limité par l'absurde. Or, est-il permis d'attribuer à une résolution systématique cette abstention persistante des actionnaires? Non; car ils formeraient la majorité, puisque ce sont eux qui mettent obstacle à la constitution d'une assemblée régulière; dès lors leur intérêt évident n'est-il pas de se présenter pour en finir de suite par un vote de rejet et retirer les versements par eux effectués? Qu'on se rassure donc; l'intérêt personnel sera un aiguillon assez pressant pour amener, dès la seconde réunion, un nombre suffisant de votants. Les statuts, d'ailleurs, pourraient déclarer la société rompue pour le cas d'une seconde ou d'une troisième réunion sans résultat.

32. La loi nouvelle ne dit rien sur le mode de convocation des deux assemblées préalables à la constitution, ni sur le mode de votation dans ces assemblées.

33. De quelle manière aura lieu la convocation? Personne, à coup sûr, n'imaginera que ce soit par des actes extra-judiciaires. Fort heureusement pour la simplicité des affaires, la jurisprudence ne méconnaît pas la puissance des usages en matière de commerce; or, il y a ici un usage si général et si ancien, qu'il devra être évidemment suivi : c'est la convocation par la voie des journaux. Toutefois, le principe admis, il reste les détails d'exécution : Dans quels journaux et combien de fois l'avis de convocation devra-t-il être inséré? Rigoureusement, il me

semble qu'un seul avis dans les feuilles d'annonces judiciaires de la localité sera suffisant. Il faut pourtant reconnaître que, dans le silence de la loi, ce sera une pure question d'appréciation laissée à l'arbitraire des tribunaux, et nous ne saurions trop engager les intéressés à ne pas faire une économie de publicité qui pourrait leur être imputée à faute. Au surplus, pour éviter toute contestation, il sera bien de régler par les statuts le mode de convocation.

34. Il y a moins de difficulté sur la manière de voter, qui sera celle consacrée par un usage plus uniforme (1).

SECTION III.

Point de départ du délai des publications.

35. Pour terminer ce qui a trait à la constitution

(1) Quant aux assemblées postérieures à la constitution de la société, elles s'organiseront et délibéreront de la manière prévue par les statuts; il eût été vivement à désirer que la loi nouvelle présentât un ensemble de dispositions qui eût été comme la charte des sociétés en commandite, et qui eût réglé tout ce qui se rattache au mode de réunion, de délibération et de vote des assemblées générales, et même des conseils de surveillance; les rapports de ces deux corps entre eux et avec les gérants; la limite exacte des attributions respectives; tout cela aujourd'hui est abandonné à l'imprévoyance, à la routine ou à la ruse; ces dispositions, sans doute, n'auraient pas été tyranniquement imposées par la loi, mais elles auraient formé le droit commun des sociétés dans le silence du contrat; en sorte que tous les statuts de sociétés, considérablement simplifiés, n'eussent dorénavant contenu tout au plus que quelques articles modificatifs dont l'opportunité et la loyauté eussent

des sociétés, il reste à examiner une dernière question d'une grande importance : de quel jour doit courir le délai de quinzaine fixé par le Code de commerce pour la publication légale des actes de société ?

36. Suivant l'art. 42, ce serait du jour de la date des actes de société. Cependant, déjà, avant la loi nouvelle, lorsque les statuts sociaux ajournaient, ce qui arrivait fréquemment, la constitution définitive de la société, jusqu'à la souscription d'une fraction déterminée du capital social, il était passé dans la pratique que le délai de quinzaine courait seulement du jour où cette souscription était constatée par une déclaration du gérant. Cette opinion était exacte en effet ; sauf à remarquer pourtant qu'il n'eût pas dépendu du gérant de retarder sa déclaration pour éloigner la publication ; et que véritablement, le délai de quinzaine devait courir, non du jour de la déclaration, mais du jour où les souscriptions recueillies avaient atteint le minimum fixé par les statuts.

---

pu être facilement jugées en les comparant aux dispositions-types de la loi. Mais le passé est maintenu ; chaque société en particulier demeure chargée de faire la loi qui lui convient. Bornons-nous à faire remarquer que le vote légal, en assemblée générale, est le vote par tête, à la majorité des membres présents (*a*), et que si les statuts veulent prendre pour base le nombre de parts d'intérêts ou d'actions ils doivent s'en expliquer (*b*).

(*a*) *Infrà*, n° 87.

(*b*) M. Troplong, *Des Sociétés*, n° 722.

Moyennant cette explication, la pratique, nous le répétons, se conformait à la loi bien entendue : ce qu'il est utile pour les tiers de connaître, ce n'est pas un projet de société, et il n'y a que projet jusqu'à l'accomplissement de la condition prévue. Cette condition est essentiellement suspensive, et tant qu'elle dure, la société n'existe pas ; elle ne prend naissance que du jour où l'événement s'accomplit ; en admettant même à ce moment un effet rétroactif au jour de l'acte, cette fiction ne peut avoir la force de la vérité et ne saurait d'ailleurs produire une obligation rétroactive de publier. (1)

37. La question aurait été plus délicate si les statuts n'avaient contenu aucune condition suspensive. Il eût alors fallu distinguer s'ils émanaient du gérant seul, ou s'ils avaient été faits avec le concours d'un ou plusieurs commanditaires. Dans ce dernier cas, c'est dans la quinzaine de l'acte qu'il eût fallu publier ; car il y aurait eu réellement contrat de société parfait ; sans doute la société serait impuissante et

---

(1) La Cour de cassation a même été plus loin ; par arrêt de la Chambre civile du 4 août 1847 (D. 47.1.310), elle a décidé que « l'acte de société dans lequel un des associés a stipulé pour des « coassociés futurs. . . . . . *avec promesse de fournir leur appro-* « *bation*, ne constitue réellement la société que lorsque la ratifi- « cation a été donnée. . . . . . ; que l'art. 42, Cod. comm., n'im- « pose pas l'obligation de remplir les formalités de publication avant « que l'acte de société ne soit devenu définitif par l'approbation ou « la ratification de ceux dont le consentement est nécessaire pour « la validité de la société. »

devrait se dissoudre, si un capital suffisant ne pouvait être réuni; mais elle aurait vécu un moment, de la vie juridique, sinon industrielle; ce serait assez pour nécessiter sa publication. Dans le premier cas, il n'y aurait pas de formalité à remplir immédiatement; car le contrat n'existe pas; il n'y a qu'un acte, unilatéral, qui ne deviendra obligatoire que par l'accession de au moins une souscription (1); mais du jour de cette souscription courra le délai légal de quinzaine.

38. Voilà pour le passé, que décider sous l'empire de la loi nouvelle? Il est facile de le deviner, d'après les règles que nous venons d'exposer : ce ne sera jamais du jour de l'acte de société que courra le délai de quinzaine accordé pour les publications; il importerait peu qu'une partie des commanditaires ou même tous y eussent concouru; car il n'existerait point encore de société, puisqu'il n'y aurait engagement que d'un côté, de la part du gérant; la loi elle-même suspend l'existence de la société jusqu'à l'accomplissement de deux conditions d'ordre public; en sorte que la publication de la société ne doit avoir lieu que du jour où sa constitution est opérée.

Les deux conditions préalables à la constitution s'exécuteront nécessairement dans l'ordre suivant : 1° souscriptions et versements, 2° réunion des deux

---

(1) *Suprà* nos 3 et 4.

assemblées générales; ce sera donc du jour de la seconde assemblée générale que courra le délai de quinzaine pour les formalités de publication.

TITRE II.

Des Apports.

39. On trouve dans la nouvelle loi deux dispositions relatives aux apports qui ne consistent pas en numéraire : elles sont comprises dans les articles 4 et 7 et ont pour objet : l'une la vérification des apports; et l'autre la responsabilité encourue par les fondateurs, en cas d'inobservation de cette formalité.

SECTION PREMIÈRE.

Vérification des Apports.

40. Dans l'art. 4 (1), la loi prescrit la vérification, par l'assemblée générale des actionnaires, de la valeur des apports.

Nulle difficulté sur ce point, après les explications précédentes sur la réunion des deux assemblées générales constituantes, sur l'organisation, la tenue et les pouvoirs de ces assemblées.

41. L'acte de société contient l'évaluation des apports; il est présenté par le gérant à la première

---

(1) Déjà rapporté *suprà*, nos 18 et 26. *V.* au surplus le texte de la loi.

assemblée générale, avec tous les documents de nature à justifier l'évaluation; l'assemblée, comme nous l'avons établi, ne peut voter immédiatement l'approbation, qui ne doit avoir lieu que dans une seconde réunion, spécialement convoquée à cette fin. Mais elle délibère sur le point de savoir si elle nommera dans son sein une commission chargée de lui faire un rapport sur les évaluations en question.

Des experts pourront être désignés, si cela est jugé nécessaire, soit par l'assemblée, soit par la commission elle-même. Une telle expertise serait purement amiable et n'obligerait nullement les experts à prêter serment. (1)

42. La loi ordonne aussi l'approbation des avantages particuliers qui seraient concédés à l'un des

---

(1) M. Paignon (p. 71 de son *Commentaire*) paraît concevoir des doutes à ce sujet; j'aurais compris cette hésitation, ou plutôt j'aurais été de l'avis du serment, si l'expertise avait été ordonnée par la loi, comme le demandait la commission du Corps législatif dans un premier amendement; mais des experts nommés volontairement ne sont autre chose que des mandataires chargés de procurer des renseignements, dont le mandant est libre de ne pas tenir compte; est-ce qu'à ce titre il est possible de les assujetir au serment?

M. Paignon se demande aussi si l'assemblée devra se transformer en académie des sciences pour apprécier le mérite d'une invention, dans le cas où un brevet formerait l'objet d'un apport. Il n'a pas réfléchi que la nécessité de cette appréciation résulte, non de la loi nouvelle, mais de la nature des choses; cette loi n'a fait que transférer aux commanditaires réunis ce qui précédemment était laissé à chacun d'eux individuellement. Or, on voudra bien concéder que tous les actionnaires n'étaient pas jusqu'à ce jour des académiciens! La loi nouvelle vaudra donc, sous ce rapport, au moins associés. Ces avantages peuvent avoir pour but, soit la compensation ou le paiement des apports, soit une gratification pour les fondateurs, soit une rémunération du travail du gérant ; à quelque titre qu'ils soient alloués, ils doivent dans tous les cas être soumis au vote de l'assemblée générale, de la même manière que l'évaluation des apports (1).

43. Après l'approbation votée par la seconde assemblée, les associés qui ont fait les apports évalués et stipulé les avantages particuliers ne pourront plus être recherchés, sauf le cas de dol qui est toujours excepté. Le contrat devient parfait sans doute par cette approbation; mais il reste, comme tout autre contrat, soumis à la loi commune de la rescision, si le consentement des actionnaires a été surpris par des manœuvres frauduleuses. Il est à remarquer seulement, qu'à raison même des précautions indiquées par la loi pour protéger les actionnaires, la plainte de ceux-ci serait, et avec raison, plus difficilement admise par les tribunaux.

SECTION II.

Responsabilité des fondateurs.

44. L'art 7 de la loi veut qu'une responsabilité

---

autant que l'ancienne; et elle vaudra mieux, à mon sens, parce qu'il y aura plus de lumières, et surtout plus de moyens d'en obtenir, dans la masse que dans chacun de ses membres isolés.

(1) Une assemblée ordinaire serait compétente pour une allocation aux membres du conseil de surveillance, la loi n'obligeant de soumettre aux deux assemblées primitives que les avantages concédés au gérant et aux fondateurs.

solidaire puisse « être prononcée contre ceux des fon- « dateurs de la société qui ont fait un apport en « nature, ou au profit desquels ont été stipulés des « avantages particuliers. »

45. Cette responsabilité a lieu lorsque la société est annulée aux termes de l'art. 6, c'est-à-dire lorsqu'elle est constituée contrairement à l'une des prescriptions énoncées dans les 5 premiers articles.

46. Quelle est l'étendue de cette responsabilité? le deuxième alinéa de l'art. 7, qui l'établit, commence par ces mots : « *La même* responsabilité solidaire ; » il renvoie donc au premier alinéa, lequel a trait aux membres du conseil de surveillance; or, ceux-ci sont déclarés responsables, *solidairement et par corps avec les gérants de toutes les opérations faites postérieurement à leur nomination.*

Il est évident qu'il y a un vice de rédaction dans le deuxième alinéa ; la sanction qu'il édicte pourra bien être et sera en effet une responsabilité *solidaire et par corps avec les gérants;* mais elle ne sera pas, à l'égard des fondateurs, restreinte aux opérations *postérieures à la nomination* des membres du conseil de surveillance; une telle restriction serait un non-sens; ce que le législateur a voulu par l'art. 7, c'est imposer à tous une responsabilité, mais à chacun celle qui lui incombe ; ainsi le conseil de surveillance qui sera nommé à l'expiration de la première année ne répondra pas des faits accomplis pendant cette année ; c'est la justice et la raison qui l'exigent ; mais en est-il de même des fondateurs et associés, qui dès l'origine ont fait des apports ou reçu des avantages? Non; le principe étant posé à leur égard, il en découle forcément, en l'absence d'une restriction formelle, cette conséquence que leur responsabilité s'étend à toute la durée de la société.

47. C'est là un lourd fardeau; il est vrai que le poids en repose d'abord et en première ligne sur les gérants, puis en partie, sur les membres du conseil de surveillance; mais les tiers n'ont pas à se préoccuper de ce partage; la solidarité leur permet de s'adresser à chacun sans distinction. Il y aura donc un grand intérêt pour ceux qui, en présence d'un gérant insolvable, seraient ainsi débiteurs en seconde ligne, à surveiller l'exacte exécution des prescriptions commandées par les cinq premiers articles de la loi; sous le titre V (1), nous présenterons un résumé destiné à faciliter cette surveillance.

48. D'autres graves questions naissent du texte de l'art. 7; nous les examinerons plus loin (2) en traitant de la responsabilité spéciale aux membres du conseil de surveillance.

---

(1) *Infrà*, n° 160.
(2) Titre IV, sect. III, § 1, nos 113 et suiv.

TITRE III.

Des Actions.

49. La loi nouvelle contient quatre dispositions, qui ont trait :

Au taux des actions : c'est le premier alinéa de l'art. 1er ;

A leur forme : c'est l'art. 2 ;

A la responsabilité des versements restant à faire : c'est le premier alinéa de l'art. 3 ;

Et à la négociation des actions : c'est le deuxième alinéa du même article.

SECTION PREMIÈRE.

Taux des actions.

50. L'art. 1er (premier alinéa) est ainsi conçu :

« Les sociétés en commandite ne peuvent diviser « leur capital en actions ou coupons d'actions de « moins de 100 fr., lorsque ce capital n'excède pas « 200,000 fr., et de moins de 500 fr., lorsqu'il est « supérieur. »

51. La loi a voulu fixer le minimum de chaque action ; elle ne veut plus de ces actions semblables, par leur exiguité, à des billets de loterie, et au moyen desquelles on parvenait à amorcer et à saisir les capitaux les plus accessibles à l'entraînement et les plus dignes de la protection légale.

52. Ce que la loi défend n'est pas permis par voie détournée. C'est donc en vain que, pour éluder sa

prohibition, on aurait recours à la création de parts d'intérêts sans indication de capital. La ruse serait toujours facile à déjouer, car il suffirait de comparer avec le capital social la fraction attribuée à chaque part, pour connaître la portion correspondante de capital. Si l'acte de société n'exprimait que le capital en numéraire, sans évaluer les apports, il appartiendrait aux tribunaux de faire cette évaluation ou de l'ordonner par experts.

53. Des actions de 100 fr. ou de 500 fr. ayant été émises, conformément à la loi, avec faculté d'en payer le montant en plusieurs versements successifs, il pourrait arriver, en cas de prompt succès de l'entreprise, qu'il fût inutile d'appeler les derniers versements ; cette libération des actions au-dessous du minimum légal constituerait-elle une infraction susceptible de faire annuler la société, aux termes de l'art. 6 ? Non ; car si les légitimes prévisions des fondateurs de la société ont été heureusement trompées, il serait aussi injuste qu'illogique de le leur imputer à faute ; ce que la loi prohibe, c'est l'émission au-dessous d'un certain chiffre, parce qu'elle veut des actionnaires sérieusement intéressés ; cette prohibition a été respectée.

54. Il en serait autrement si le capital avait été sciemment exagéré, dans le dessein frauduleux de libérer les actions par anticipation ; car il y aurait ici émission de titres, nominalement exacts, sans doute, mais en réalité inférieurs au minimum légal. Au reste, ce genre de fraude est peu à redouter,

puisqu'il ne pourrait, en général, réussir qu'en supposant aux fondateurs assez d'audace pour en prévenir le public en sollicitant les souscriptions.

SECTION II.

Forme des actions.

55. Elle est réglée par l'art. 2, dont voici le texte :

« Les actions des sociétés en commandite sont « nominatives jusqu'à leur entière libération. »

56. De cet article dérive naturellement la conséquence, qu'après leur libération les actions peuvent être au porteur.

57. Il tranche ainsi une question qui, pendant longtemps, a fait l'objet des plus vives controverses : on refusait opiniâtrement aux sociétés en commandite le droit d'émettre des actions au porteur ; et, pour cela, on torturait à plaisir le texte de la loi pour en faire sortir une prohibition qui n'y était pas ; on niait la relation si évidente de l'art. 38 du Code de commerce avec les art. 35 et 36, qui règlent la forme de l'action et le mode de sa transmission : puis, abordant le côté pratique, on signalait mille dangers que l'expérience n'a nullement révélés. S'autorisant de quelques paroles de Cambacérès, on soutenait que l'action au porteur tendait à transformer la société en commandite en société anonyme, comme s'il ne subsistait pas toujours cette différence capitale que, dans l'une, il doit y avoir un gérant responsable, et, dans l'autre,

des administrateurs, simples mandataires. Enfin, comme dernier et soi-disant irrésistible argument, on opposait la défense faite par l'art. 27 à tout commanditaire de s'immiscer dans la gestion; or, cet article, disait-on, serait impunément violé par des commanditaires qui, cachant leur qualité sous le voile d'un mandat, prendraient en main les rênes de l'administration, agiraient et paraîtraient seuls aux yeux des tiers, puis, au jour de l'insuccès, s'évanouiraient pour se réfugier derrière la personne responsable d'un gérant *de paille*, laissant aux malheureux créanciers, pour tout gage, quelques reliefs insignifiants de la fortune sociale. C'était, ajoutait-on, la confusion complète des deux pouvoirs sociaux, l'administration et la commandite ; l'absorption du premier par le second : c'est-à-dire le renversement de toutes les règles de la matière.

Tout cela était, en réalité, exagération et chimère; sans doute il peut arriver que l'art. 27 soit violé, que des commanditaires s'immiscent frauduleusement dans l'administration, mais qu'y a-t-il à conclure de là ? Qu'ils subiront la peine prononcée par l'art. 28, et rien autre chose. La fraude, on l'a démontré (1), sera souvent déjouée ; mais, d'ailleurs, est-ce que la simple possibilité du dol permet de suppléer une disposition légale et surtout une disposition prohibitive? Quel est le contrat qu'on soit

(1) M. Troplong, *Des Sociétés*, n° 163.

assuré de rendre inaccessible aux artifices de la mauvaise foi? Non; la confusion reprochée aux partisans de l'action au porteur ne venait pas d'eux, mais bien de leurs adversaires; car ceux-ci voyaient dans le fait seul de l'émission des actions au porteur une violation *actuelle* de l'art. 27, tandis que cette émission ne faisait que rendre possible, plus facile si l'on veut, une violation *éventuelle*. Or, cette éventualité est suffisamment réprimée, et la suite l'a prouvé, par l'énergique sanction de l'art. 28, fortifiée par les larges moyens de preuve que la loi met au service des victimes de la fraude.

58. La loi nouvelle maintient donc l'action au porteur, dont la légalité avait triomphé, du reste, dans la jurisprudence; mais comme son but principal a été de diminuer l'agiotage, dangereux surtout à l'origine des sociétés, elle exige que l'action soit nominative jusqu'à son entière libération. C'est mettre un frein à ce commerce de promesses et à ce jeu de primes, qui déshonoraient même les sociétés les plus honnêtes et les plus sérieuses.

59. La libération de l'action pouvant être décrétée par la société, comme nous l'avons dit (1), en cas de prompte réussite de l'entreprise avant le versement complet du capital, cette libération serait suffisante pour autoriser la transformation immédiate de l'action nominative en action au porteur.

---

(1) *Suprà*, n° 53.

60. Si l'action était libérée dès avant la constitution de la société, elle ne pourrait être immédiatement délivrée sous la forme de titre au porteur; il n'y aurait pas même lieu à la délivrance d'une action nominative. Car une action, quelle qu'en soit la forme, est un titre définitif, obligatoire, qui ne peut émaner que d'une société constituée. Je ne prétends pas affirmer au surplus que la nullité de la société résulterait de cette délivrance anticipée de l'action au porteur, ou nominative; ce que l'art. 2 ordonne à peine de nullité, c'est que l'action soit nominative jusqu'à sa libération; il ne statue pas quant à l'époque de l'émission; toutefois, on comprend que, par prudence autant que comme bonne règle, il sera toujours préférable d'attendre que la société soit constituée (1).

SECTION III.

Responsabilité des versements restant à faire.

61. Elle est écrite dans le premier alinéa de l'art. 3 dans les termes suivants, qui laissent, comme on le verra, bien des questions à débattre :

« Les souscripteurs d'actions dans les sociétés en « commandite sont, nonobstant toute stipulation « contraire, responsables du paiement du montant « total des actions par eux souscrites. »

62. La responsabilité imposée aux souscripteurs

---

(1) *Infrà*, n° 165.

primitifs résultait déjà des principes généraux de la loi ; on l'avait cependant contesté (1) ; la disposition nouvelle a donc son utilité.

63. Il n'y a pas à distinguer à cet égard entre l'action nominative et l'action au porteur ; dans tous les cas, il y a responsabilité ; le souscripteur primitif est toujours connu, même lorsque l'action est au porteur, puisque l'engagement qu'il a signé reste dans les archives de la société.

64. Il y a cependant une innovation dans l'art. 3, c'est la défense de toute stipulation qui tendrait à diminuer cette responsabilité ; le projet du conseil d'État permettait au contraire de la limiter à moitié de chaque action ; mais la commission du corps législatif, tout en reconnaissant que la responsabilité entière avait des inconvénients, s'est déterminée en sa faveur à cause de ce grand avantage qu'elle présente *d'attacher aux* sociétés *des commanditaires sérieux, vraiment intéressés à leurs destinées.* Le conseil d'État s'est rangé à cette opinion, qui a passé dans la loi.

---

(1) MM. Malpeyre et Jourdain, n°s 320 et 323, soutiennent que l'associé qui a vendu son action cesse de faire partie de l'association, et que son remplacement par un cessionnaire doit être censé avoir été agréé par la société elle-même, qui dès lors n'a plus d'action contre lui. Mais M. Troplong, n° 178, trouve ces raisons légères et les réfute sans peine : « La vente de la promesse d'ac-« tion, dit-il, ne saurait opérer de novation, et l'on ne conçoit pas « que l'on puisse admettre, sans des causes moins fugitives, l'a-« néantissement des engagements les plus sérieux. »

65. Les divers cessionnaires successifs de l'action sont-ils également responsables des versements à effectuer? Cette question, qui existait déjà sous le Code de commerce, et que la nouvelle loi a laissé subsister, n'a pas été, du moins à ma connaissance, nettement résolue jusqu'ici.

66. Et d'abord quant au dernier cessionnaire, au détenteur actuel de l'action, il est incontestablement engagé ; c'est lui qui est même le débiteur principal et direct ; sans doute il sera difficile de l'atteindre, si le titre est au porteur ; mais encore une fois les difficultés de l'exercice d'un droit n'enlèvent pas le droit lui-même ; nous examinerons plus loin comment les sociétés devront procéder en cas pareil (1).

67. Il ne reste donc plus qu'à fixer la position des cessionnaires intermédiaires. Pour les affranchir du recours, on peut dire que l'action, ce mode ingénieux de mobilisation des capitaux industriels, ne s'adresse qu'*au capital*, non à la personne ; qu'ainsi il faut se dégager de toute préoccupation du droit commun, puisqu'il ne règle les effets de la cession de créances qu'entre *personnes* contractantes ; et qu'en l'absence de tout texte spécial, c'est dans l'essence même des choses qu'il faut puiser la raison de décider. Or, la négociation des actions doit avoir lieu rapidement et facilement ; il faut tenir ouvertes à deux battants les portes des sociétés, et il faut que

---

(1) *Infrà*, n° 71.

la sortie soit aussi libre que l'accès ; quel est celui qui oserait acheter une action non libérée, si, en la revendant dans le même état, il devait rester indéfiniment, pendant trente ans au moins, exposé à la demande des versements non faits? Les modes mêmes de cession, pratiqués de temps immémorial, protestent contre un tel résultat ; car, pour l'action nominative, le transfert n'en a lieu que de l'agrément de la société ; il est inscrit sur son livre ; qu'est-ce que consacre cette formalité, sinon le dégagement de l'ancien associé, à supposer qu'il ait été jamais engagé? Et pour l'action au porteur, à quoi bon une responsabilité qui la plupart du temps ne pourrait s'exercer! pourquoi cette inconséquence de conférer un droit condamné à rester à l'état de lettre morte?

Mais dans le sens inverse, on répondra : qu'on ne peut ainsi abstraire le capital de la personne ; que cela est vrai surtout à l'origine des sociétés ; qu'alors il y a un moment, le moment de la souscription, où c'est la personne au contraire qui se montre pour contracter un engagement ; que cet engagement du commanditaire souscripteur est reconnu et ratifié par l'art. 26 du Code de commerce, et qu'il tire une nouvelle force de l'art. 4 de la loi nouvelle ; que le fait du passage d'une action d'une main dans une autre, moyennant un prix convenu, est bien un véritable contrat de cession, comme l'indiquent les articles 35 et 36 du Code de commerce ; que dès lors l'application des principes en matière de cession de droits incorporels est forcée, à moins d'une dérogation expresse qui n'existe pas ; que du reste les partisans de l'opinion contraire sont contraints d'admettre cette transmission de l'engagement avec le titre ; mais que, ce point admis, ils sont réduits à soutenir ce singulier moyen que l'engagement transmis ne durerait que momentanément, tant que le cessionnaire resterait propriétaire de l'action, et qu'il s'évanouirait avec la cession nouvelle qu'en ferait celui-ci ; qu'un pareil système d'engagement momentané est en dehors de toutes les idées reçues et se réfute de lui-même ; que du reste la pratique invoquée n'est nullement décisive ; car, pour l'action nominative, l'inscription du nom des nouveaux propriétaires est une simple mesure d'administration et de sécurité ; et pour l'action au porteur, la difficulté de la poursuite n'enlève pas le droit lui-même.

68. Cette seconde opinion doit prévaloir ; et cela est regrettable, car il n'est que trop vrai qu'il serait fâcheux de voir des poursuites accueillies, après dix ou vingt ans, contre un homme qui n'aurait possédé que pendant quelques jours des actions non libérées. Ce danger est de nature à retenir plus d'un capitaliste ; et, même avec des actions au porteur, il ne disparaît pas pour l'homme honnête, qui attestera lui-même la possession des actions si le serment lui est déféré. Ces inconvénients m'auraient fait désirer de pouvoir donner la préférence à la première opinion ; mais en présence de la loi, il faut courber la tête ; *dura lex, sed lex.*

69. On ne voudra pas tirer de la loi nouvelle, je

le suppose, ce misérable argument *a contrario*, que, proclamant la responsabilité des souscripteurs primitifs, elle affranchit par là même les cessionnaires intermédiaires. Il serait tout au plus tolérable, si la loi créait cette responsabilité ; mais cela n'est pas. « La responsabilité, dit l'exposé des motifs, est « la conséquence des principes généraux en matière « d'obligations conventionnelles. » — « Cette dis- « position a pour elle le droit, » dit le rapport de M. Langlais (de la Sarthe). Comment supposer, d'ailleurs, que cette loi, dont on connaît l'esprit, aurait abandonné une sauvegarde qu'elle trouvait existante dans la législation en vigueur ! Non ; ce qui est constant, ce qui est clairement prouvé par le silence de la loi, de l'exposé des motifs et du rapport sur ce point, c'est qu'on n'a pas aperçu la question que nous examinons. Dans quel sens le législateur l'aurait-il résolue si elle lui avait été soumise ? En se reportant aux préoccupations qui l'assiégeaient, il est permis de croire qu'exagérant les précautions contre l'esprit de fraude, il eût maintenu la responsabilité contre tous (1).

---

(1) M. Troplong ne discute la question de responsabilité qu'au point de vue du souscripteur primitif, et il s'exprime en ces termes à l'égard des cessionnaires intermédiaires : « que les porteurs in- « termédiaires par les mains desquels l'action est passée *sans lais-* « *ser de traces* soient à l'abri des recherches, je l'admets ; mais « le souscripteur a des devoirs plus étroits. » Ce n'est pas là une opinion, *en droit*, contraire à celle par nous adoptée ; c'est plutôt une énonciation incidente basée sur un simple *fait*, le défaut de preuve de la possession.

70. Quoi qu'il en soit, s'il est illicite d'affranchir les souscripteurs primitifs, la stipulation qui se bornerait à déclarer non responsables les divers cessionnaires intermédiaires serait parfaitement valable ; je la recommande à l'attention des rédacteurs de statuts sociaux, pour n'en user, bien entendu, qu'avec circonspection et selon les circonstances.

71. Le détenteur actuel de l'action est en tous cas responsable, ai-je dit, des versements à effectuer. Mais comment le contraindre si l'action est au porteur et s'il ne se fait pas connaître ? Il serait souverainement irrégulier de faire vendre l'action sans appeler qui que ce soit, même avec des publications judiciaires ; mais que la vente ait lieu contradictoirement avec le souscripteur primitif, et la loi sera satisfaite. La société peut se dispenser de recourir à la vente, en contraignant celui-ci à payer s'il est solvable. Elle peut, d'ailleurs, demander contre lui la résolution de la souscription (1).

72. La nécessité de ces poursuites peut être évitée en insérant dans les statuts une clause pénale portant la déchéance de l'actionnaire en retard et son exclusion de la société, sauf la restitution à l'actionnaire des sommes par lui versées.

La clause peut même être plus sévère, et attribuer à la société tout ou partie de ces sommes à titre de dommages-intérêts. Cette pénalité, toutefois, pour-

---

(1) *Suprà*, n° 9.

rait être modérée par le juge, conformément à l'art. 1231 du Code civil.

Il serait convenable de subordonner ces mesures de rigueur à l'expiration d'un certain délai, après une ou plusieurs insertions dans un journal déterminé. A défaut de la loi, la loyauté conseille ce tempérament.

73. Il est entendu qu'au lieu d'user de la clause pénale, la société aurait le droit de poursuivre l'exécution de l'obligation principale ; c'est-à-dire le paiement des sommes non encore versées (art. 1228, Cod. Nap.). Mais, à l'inverse, l'actionnaire pourrait-il invoquer la clause en question comme moyen de se libérer de son engagement ? Non, assurément ; car ce serait violer cette règle de droit que le débiteur ne peut, en payant la peine, se dégager de l'obligation principale. « L'objet de la stipula-« tion d'une peine, dit Toullier (1), n'est pas d'é-« teindre, de résoudre l'obligation primitive, c'est, « au contraire, d'en assurer l'accomplissement. »

74. M. Troplong (2) est d'un avis contraire. Suivant lui, la clause dont nous nous occupons aurait cette portée de permettre aux souscripteurs de sortir de la société en sacrifiant ce qu'ils auraient versé, de sorte qu'ils pourraient repousser toutes les réclamations en déclarant qu'ils renoncent aux premiers

(1) T. 6, n° 801.
(2) *Des Sociétés*, n° 179.

versements. Il faut se garder ici d'un malentendu : s'il s'agit d'une convention formelle qui donne, en effet, aux associés le droit exorbitant de se retirer sans avoir complété leurs mises, cette convention doit être respectée, car elle n'a rien de contraire à l'ordre public ; elle ne viole nullement, comme le démontre l'illustre auteur, l'art. 26 du Code de commerce. S'il s'agit, au contraire, d'une véritable clause pénale, l'actionnaire, loin d'avoir l'option entre la pénalité et la convention, la subira de la part de la société et des tiers, ainsi que nous l'avons établi (1).

75. Maintenant, à quelle nature de clauses se rapporte la dissertation de M. Troplong ? A une clause pénale ; et c'est pour cela que sa solution me paraît devoir être rejetée. C'est bien à une clause pénale, car l'espèce qu'il propose est celle-ci : « Les sous-« cripteurs qui ne paieront pas les fractions de leurs « actions aux époques indiquées pour les appels de « fonds *seront déchus de leurs droits, et les paiements* « *déjà faits seront acquis à la société.* » D'un autre côté, les exemples historiques qu'il emprunte à la société générale des assurances organisée par un édit de Louis XIV de mai 1686, et aux statuts de la

---

(1) *Suprà*, n° 9. La Cour de Paris, par un arrêt du 18 août 1851 (D. P. 55.5.709), a interprété en faveur des actionnaires des statuts qui lui étaient soumis. Le pourvoi contre cet arrêt a été rejeté le 2 août 1853. Mais l'arrêtiste ne rapporte ni l'espèce, ni surtout la clause litigieuse.

compagnie des Indes réglementés par une déclaration de 1664, ont évidemment trait aussi à de véritables clauses pénales : « *Faute* par les associés, porte « l'édit de 1686, de payer aux termes convenus se « qu'ils auront avancé sera perdu pour eux et « acquis à la société, sans qu'ils puissent être dé- « chargés des pertes qui pourront arriver sur les en- « gagements que la compagnie aura contractés jus- « ques et y compris le jour qu'ils auront été en « défaut de payer. » Les statuts de la compagnie des Indes ne sont pas moins explicites : « *Sous la* « *peine* à ceux qui ne fourniraient pas lesdits deux « tiers, dans ledit temps, de perdre ce qu'ils auront « avancé pour les premier et second paiements, « qui demeurera au profit et dans la masse de la « société. » De telles stipulations ne sont pas faites pour l'utilité des actionnaires, puisqu'elles prévoient une faute et qu'elles prononcent une déchéance, *une peine*. Est-il donc permis, pour se soustraire à ses engagements, d'alléguer sa propre faute et de réclamer contre soi-même l'application d'une peine?

SECTION IV.

Négociation des actions.

76. Le second alinéa de l'art. 3 renferme la prohibition qui suit :

« Les actions ou coupons d'actions ne sont négo- « ciables qu'après le versement des deux cin- « quièmes. »

4.

77. Cette disposition ne présente, par elle-même, aucune difficulté sérieuse ; le législateur respecte le commerce légitime des actions, mais il veut empêcher l'agiotage autant que la nature des choses le permet : c'est pourquoi il défend la négociation des actions ou coupons d'actions avant le versement des deux cinquièmes au moins. Ces deux cinquièmes ne doivent pas être calculés sur le minimum fixé par l'art. 1er pour chaque action ou coupon d'action, mais bien sur le chiffre réel, s'il est plus élevé. L'action ou le coupon étant de 1,000 fr., par exemple, les deux cinquièmes à verser avant toute négociation seront de 400 fr.

78. La prohibition insérée dans l'art. 3 avait été déjà décrétée dans les lois du 15 juillet 1845 et du 10 juin 1855, relatives aux actions de chemins de fer.

79. La jurisprudence, interprétant la première de ces lois, a fait une distinction rationnelle qui est applicable à la loi actuelle. C'est la négociation commerciale seule qui est defendue et non la transmission autorisée par les lois civiles ; une cession régulière par acte notarié ou sous signatures privées, une donation dans les formes légales, seront donc toujours des modes licites de transmission. Est au contraire prohibée : « La négociation à la « Bourse ou ailleurs, avec ou sans l'intermédiaire « d'agents de change, tantôt au moyen de procura- « tions en blanc, tantôt par d'autres procédés, par « tradition manuelle, par l'endossement, par trans-

« fert signé sur les registres de la société, en un « mot, par les voies commerciales (1). »

80. Après le versement des deux cinquièmes, la négociation peut avoir lieu par tous les modes usités; jusqu'à sa libération entière, l'action devant rester nominative, la cession s'opérera, conformément à l'art. 36, Cod. comm., par une déclaration de transfert inscrite sur les registres de la société et signée du cédant ou de son fondé de pouvoir.

81. Le simple endossement sans inscription sur les registres suffirait-il pour la transmission régulière des actions? Le Code de commerce n'indique que deux modes de transmission : la tradition, pour l'action au porteur, et l'inscription, pour l'action nominative. D'un autre côté, lorsqu'il autorise, en d'autres matières, la voie extra-civile de l'endossement, il s'explique formellement; ainsi, pour la lettre de change (art. 136), pour le billet à ordre (art. 187), pour le connaissement (art. 281) (2), pour le contrat à la grosse (art. 313). Dira-t-on que la voie de l'endossement est de droit commun pour le transport des valeurs commerciales? Mais cela n'est vrai que pour les titres de créance payables *à ordre*; or, l'action n'est point un titre de créance, mais un titre de propriété d'une part aliquote dans un fonds

---

(1) Exposé des motifs.

(2) L'art. 281, en disposant que le connaissement peut être à ordre, suppose nécessairement la possibilité de l'endossement.

commun ; il sera donc toujours prudent de faire l'inscription prescrite par l'art. 36, sauf à faire en même temps une mention du transfert au dos de l'action. Sans doute les art. 35 et 36, qui règlent le mode de cession, ne sont pas rédigés en la forme limitative ; aussi la jurisprudence (1) n'a pas frappé de nullité les transmissions faites par la voie de l'endossement; mais ce n'est pas une raison, pour une société bien organisée, de se dispenser de la règle indiquée, sinon prescrite par la loi.

TITRE IV.

Du Conseil de surveillance.

82. La loi du 17 juillet, en prescrivant la nomination d'un conseil de surveillance dans chaque société, n'a fait que consacrer un usage invariablement suivi de temps immémorial. Entrant dans cette voie, elle devait songer à l'organisation du conseil, fixer l'étendue de ses pouvoirs et de sa responsabilité : c'est ce qu'elle a fait par une série de dispositions empruntées, pour la plupart, soit au droit commun, soit à l'usage, et qui peuvent se classer dans l'ordre suivant :

1° Nomination du conseil de surveillance (art. 5);

2° Ses attributions (art. 8 et 9);

---

(1) M. Troplong, *Des Sociétés*, n° 146 et la note.

3° Responsabilité de ses membres (art. 7, 1er alinéa et art. 10).

Reprenons chacun de ces points :

SECTION PREMIÈRE.

Nomination du conseil de surveillance.

83. Art. 5 de la loi :

« Un conseil de surveillance, composé de cinq « actionnaires au moins, est établi dans chaque so- « ciété en commandite par actions.

« Ce conseil est nommé par l'assemblée générale « des actionnaires, immédiatement après la consti- « tution définitive de la société et avant toute opéra- « tion sociale.

« Il est soumis à la réélection tous les cinq ans « au moins; toutefois, le premier conseil n'est « nommé que pour une année. »

84. On a vu quelles sont les deux conditions auxquelles la loi subordonne la constitution définitive de la société. Après cette constitution, le gérant ne peut encore commencer immédiatement ses opérations; il faut, auparavant, que le conseil de surveillance soit nommé (1).

85. Cette nomination sera faite par l'assemblée générale des actionnaires, au lieu de l'être, comme précédemment, par le gérant lui-même ; ce qui était souvent une véritable dérision; car comment pren-

---

(1) *Infrà*, n° 169.

dre au sérieux des surveillants nommés par celui qui est à surveiller !

86. Faudra-t-il réunir, pour la nomination du conseil, une troisième assemblée générale? On se rappelle que déjà deux réunions auront inévitablement eu lieu avant la constitution de la société. Cette troisième réunion sera toujours inutile ; de ce que la loi dit que la nomination aura lieu immédiatement *après* la constitution de la société, il ne s'ensuit pas qu'elle ne puisse avoir lieu *simultanément* ou du moins dans la même assemblée qui aura voté l'approbation des apports et des avantages particuliers.

Ce sera, toutefois, à une condition : c'est que, lors de la convocation de cette assemblée, il sera donné avis spécial de la nomination du conseil de surveillance.

87. La loi n'indique pas à quelle majorité la nomination aura lieu. La majorité devra-t-elle, comme dans les deux premières assemblées, comprendre le quart des actionnaires et représenter le quart du capital social? Non ; il suffira, aux termes du droit commun, comme dans toutes les assemblées postérieures à la constitution de la société, de la majorité des actionnaires présents et votant par tête, à moins que les statuts ne l'aient autrement réglé. En sorte que, si la même assemblée est appelée à voter, comme cela aura lieu souvent, et sur l'approbation des apports et sur la nomination du conseil, les deux votes auront lieu à deux majorités

différentes. L'art. 5 eût évité cette anomalie en se référant à l'art. 4 à cet égard.

J'ai dit : la majorité des actionnaires *présents*. La rigueur des principes exigerait peut-être la majorité de tous les actionnaires ; mais si l'on réfléchit aux embarras souvent inextricables qui pourraient en résulter, on abandonne ce *strictum jus*, d'ailleurs incertain, pour adopter une solution qui a pour elle la consécration des usages. Il est entendu qu'il n'en serait ainsi que moyennant une convocation loyale, faite suivant les formes ordinaires.

88. Le nombre de cinq membres est un minimum ; la société qui le trouverait insuffisant pourrait donc le dépasser. Il serait prudent, pour éviter des convocations générales, toujours difficiles, de nommer deux ou plusieurs membres suppléants, lesquels prendraient, dans un ordre déterminé, les places qui deviendraient vacantes par suite de décès ou démissions.

89. Un conseil ne peut rester en fonctions plus de cinq ans ; mais rien n'empêche de faire cette stipulation usuelle que le conseil se renouvellera partiellement chaque année, et que les membres sortants seront désignés par le sort. Un renouvellement en masse aurait l'inconvénient de mettre en présence du gérant des hommes qui en seraient tous inconnus, ou à peu près ; qui le connaîtraient peu lui-même, et qui auraient à faire l'étude complète d'une situation entièrement neuve pour eux ; d'où il pourrait surgir des défiances, des tiraillements et des conflits que la prudence commande de prévenir.

90. D'ailleurs, les membres sortants sont indéfiniment rééligibles ; il n'en serait autrement que dans le cas de prescription formelle des statuts ; mais la raison, non moins que l'intérêt bien entendu, conseille de maintenir à leur poste ceux qui ont dignement rempli leur tâche ; et des statuts sagement rédigés se garderont bien de déroger à la loi sur ce point.

91. Un amendement avait été présenté pour obliger les membres du conseil de surveillance à posséder un certain nombre d'actions libérées, qui seraient une garantie de l'exécution de leur mandat. Il n'a pas été accueilli. Est-ce à dire qu'ils pourraient être choisis en dehors de la société? Non ; puisque la loi les qualifie *d'actionnaires* : « Le conseil, dit l'art. 5, est composé de cinq *actionnaires.* » Mais qu'arrivera-t-il s'ils vendent aussitôt après leur nomination les actions qu'ils ont justifié leur appartenir ? Seront-ils réputés démissionnaires? Et si la majorité d'entre eux étaient dans ce cas, ne serait-il pas à craindre de voir la société frappée de nullité, à la demande des intéressés pour inobservation de l'art. 5? Il est constant que du jour où la vente de leurs actions serait connue, l'assemblée générale aurait le droit de pourvoir à leur remplacement ; mais il est impossible que la nullité soit jamais prononcée pour ce fait, à moins qu'il ne soit entouré de manœuvres dolosives.

92. Au reste, chaque société fera bien de stipuler dans ses statuts, que les membres du conseil de sur-

veillance devront être propriétaires d'un certain nombre d'actions qui seront laissées à la souche pendant la durée de leurs fonctions. Ce sera un moyen de garantie et en même temps une preuve de l'observation de l'art. 5.

SECTION II.

Attributions du conseil de surveillance.

93. Art. 8.

« Les membres du conseil de surveillance vérifient « les livres, la caisse, le portefeuille, et les valeurs « de la société.

« Ils font, chaque année, un rapport à l'assemblée « générale sur les inventaires et sur les propositions « de distribution de dividendes faites par le gé- « rant. »

94. Art. 9.

« Le conseil de surveillance peut convoquer l'as- « semblée générale. Il peut aussi provoquer la disso- « lution de la société. »

95. Ces deux articles résument en peu de mots les devoirs et les droits du conseil de surveillance :

Dans l'art. 8, les devoirs, qui ont pour objet deux choses bien distinctes : une vérification fréquente, attentive des livres, caisse, portefeuille et valeurs de la société; et un rapport annuel à l'assemblée générale.

Dans l'art. 9, les droits, que les circonstances peuvent aussi transformer en devoirs impérieux.

96. Il n'y a rien, dans ces dispositions, qui constitue vraiment une innovation; le législateur s'empare d'usages constants, et il les consacre; les termes mêmes dont il se sert sont ceux qui ont toujours été employés dans les statuts bien rédigés. Il ne faut pas en conclure qu'il ait fait une chose superflue; loin de là : on sait qu'il y a toujours du vague et de l'indéterminé dans l'usage; et c'est là une situation qui ne plaît pas aux hommes réfléchis et consciencieux, qu'effraye à bon droit le double danger de faire trop ou trop peu; prévenir une telle situation, la circonscrire, c'était un besoin auquel la loi a bien fait de donner satisfaction.

97. La vérification doit pouvoir se faire largement, aussi souvent que le conseil le juge nécessaire, sans dégénérer pourtant en obsession et en tracasserie. Manifester une défiance injuste envers le gérant serait souvent plus nuisible aux intérêts sociaux que de s'abandonner à une confiance sans bornes. Aussi pour éviter de donner une solennité trop publique à cette vérification, le conseil ferait bien d'en charger à tour de rôle un ou deux de ses membres.

Du reste, pas plus que par le passé, le conseil ne doit s'immiscer dans la gestion, à peine de responsabilité. Il doit respecter l'action du gérant, et se tenir complétement en dehors; sa mission est toute d'intérieur; elle est purement passive, tant que les affaires sont prospères, et que la gérance opère loyalement; seulement, à l'expiration de chaque année, il présente un rapport à l'assemblée générale.

98. Ce rapport, qui était jusqu'ici purement facultatif, devient obligatoire. Le conseil qui manquerait à ce devoir s'exposerait à de justes soupçons, et, en cas de moyens frauduleux employés par le gérant, il serait facilement convaincu de complicité ; il aurait alors à subir la lourde responsabilité que fait peser sur lui l'art. 10, avec lequel, nous le verrons bientôt (1), cette disposition a la plus étroite relation.

99. Le rapport doit émaner du conseil entier ; s'il y avait désaccord dans son sein, les membres dissidents auraient le droit de faire constater leur opinion, et ils seraient imprudents d'omettre cette constatation qui seule leur permettrait d'échapper à la responsabilité.

100. Que doit contenir le rapport ? Une analyse raisonnée de l'inventaire, qui est dressé par le gérant. Il se termine par des conclusions qui sont l'expression de l'avis unanime du conseil ou des avis individuels de ses membres sur ces deux points : 1° l'exactitude de l'inventaire ; 2° le chiffre du dividende proposé par le gérant.

101. Les membres du conseil de surveillance ont surtout à examiner, avec le plus grand soin, si le dividende proposé est pris exclusivement sur les

---

(1) *Infrà*, n° 133.

revenus et bénéfices de la société. Car on sait que l'exagération des dividendes a été un moyen trop souvent usité de donner une valeur fictive aux actions, et de fonder des fortunes scandaleuses sur la ruine de malheureux, séduits par l'appât de gros dividendes. Ce genre de fraude a été d'autant plus pratiqué qu'il est plus facile : il suffit, en effet, d'enfler l'estimation, soit des immeubles sociaux, soit du matériel quand il s'agit d'usine, soit de toutes ces choses dont la valeur est toujours plus ou moins arbitraire ; les chiffres sont parfaitement alignés ; un dividende superbe ressort à la balance; puis, vienne la liquidation, l'outre se dégonfle, l'avoir fond ; il se trouve que c'est du capital qu'on a distribué sous forme de dividende. Le conseil ne saurait donc apporter une trop grande sévérité d'investigation sur ce point ; s'il n'est pas suffisamment éclairé, s'il a des doutes, qu'il consulte des hommes spéciaux, et s'il n'est pas clairement et absolument édifié sur la sincérité et l'exactitude des chiffres de l'inventaire, qu'il n'hésite pas à le déclarer dans son rapport ; l'assemblée jugera entre lui et le gérant.

102. Ces distributions de dividendes prises sur le capital ont un double danger : d'abord pour les tiers, créanciers de la société, qui se trouvent ainsi privés de leur gage, et qui auraient une action en rapport contre les actionnaires ; puis pour ces capitalistes amateurs de gros dividendes, qui auraient acheté des actions au-dessus de leur valeur réelle. De là pourrait naître un double et effrayant recours en responsabilité contre les membres du conseil de surveillance (1).

103. L'art. 9 donne au conseil de surveillance le pouvoir de convoquer l'assemblée générale, ou plutôt consacre ce pouvoir que le conseil tenait du droit commun. La plupart des statuts rédigés jusqu'ici contenaient aussi une stipulation qui lui reconnaissait le même droit. Une stipulation contraire aurait pu avoir lieu; elle ne serait plus possible aujourd'hui. La loi du 17 juillet règle sans doute des rapports privés; mais elle a un but trop marqué de protection, et envers la masse du public dans laquelle, en définitive, se recrutent les actionnaires, et envers l'industrie elle-même, qui languirait misérablement privée de ce puissant ressort des sociétés par actions, pour que toutes ses dispositions ne soient pas considérées comme intéressant essentiellement l'ordre public.

104. Le conseil de surveillance peut aussi, suivant l'art. 9, provoquer la dissolution de la société. Qu'entend la loi par cette expression : *provoquer la dissolution?* Veut-elle attribuer au conseil le droit de porter directement devant les tribunaux une demande en dissolution? ou bien borne-t-elle sa mission à soumettre la question à l'appréciation de l'assemblée générale? Et, dans ce cas, quel serait l'effet de la décision de l'assemblée?

---

(1) *Infrà*, n° 148.

105. Il est constant, nous l'avons déjà dit, que la loi, en définissant les principales attributions du conseil de surveillance, ne fonde rien de nouveau. « Elle rappelle, dit l'exposé des motifs, ce qui a été « trop souvent oublié ou méconnu. » La commission du Corps législatif s'exprime dans des termes presque identiques sur ce sujet : « La loi ne crée « pas ; elle déclare, elle rappelle des obligations « trop oubliées ou trop méconnues. » C'est donc aux anciens principes qu'il faut demander l'interprétation des art. 8 et 9 ; or, voici ce qu'ils nous enseignent : le conseil de surveillance n'a qu'un mandat limité qui ne lui permet jamais d'agir pour la masse des actionnaires. Sa mission se résume en deux mots : contrôler, avertir. Contrôler les actes du gérant, les inventaires ; et, quand il y a lieu, avertir l'assemblée générale, la convoquer et *provoquer* ses délibérations. Il serait donc contraire à toutes les règles de permettre au conseil de saisir directement la justice d'une demande en dissolution de la société ; à l'assemblée générale seule appartient la résolution à prendre.

106. Mais ce serait une erreur non moins grande de croire que la délibération de l'assemblée puisse, même à l'unanimité, opérer *de plano* la dissolution. Il y deux parties en présence ; et la masse des commanditaires, qui ne constitue qu'une seule des parties, ne peut rompre le contrat sans le consentement de l'autre, qui est le gérant. On comprend qu'il en serait autrement si les statuts avaient conféré à la majorité de l'assemblée un pouvoir absolu à cet égard.

107. L'assemblée, sur la provocation du conseil de surveillance, a décidé qu'il y a lieu de demander la dissolution. Que reste-t-il à faire? Elle nomme, conformément à l'art. 14, déclaré par l'art. 15 applicable aux sociétés existantes lors de la loi, des commissaires chargés d'intenter contre le gérant une demande judiciaire en dissolution, demande qui, pour être accueillie, doit être basée sur des motifs légitimes et graves, laissés d'ailleurs à l'arbitrage du juge (1).

108. Mais il pourrait arriver que la majorité de l'assemblée votât contre la proposition de dissolution. Serait-il permis, dans ce cas, aux membres dissidents ou à quelques-uns, ou même à un seul d'entre eux, d'introduire personnellement l'action devant la justice? Cela est incontestable; l'art. 1871, Cod. Nap., donne le droit à un seul des associés de demander la dissolution anticipée, quand il y a de justes motifs (2).

109. Objectera-t-on que l'art. 9 suppose nécessairement une délibération et un vote de l'assemblée? Je réponds que la loi statue toujours, pour les cas les plus fréquents, *de eo quòd plerùmque fit ;* il sera toujours préférable, on le conçoit, d'entre-

---

(1) Art. 1871, Cod. Nap.

(2) M. Troplong, *Des Sociétés*, n° 678.

prendre le procès au nom de la masse et à ses risques ; le concours de tous aura plus d'autorité morale, et chacun, en cas d'insuccès, aurait à supporter une moindre part de frais. Mais si le conseil de surveillance négligeait ou refusait de convoquer l'assemblée générale, initiative qui n'appartient qu'à lui et au gérant, l'action individuelle, si formellement reconnue par l'art. 1871, ne serait pas paralysée, et les actionnaires intelligents et vigilants ne seraient pas condamnés à voir, les mains liées, la société courir à sa ruine.

110. Cependant, il pourrait n'être pas sans danger d'abandonner au caprice ou à l'humeur d'un seul, peut-être à une rivalité déguisée sous le pseudonyme d'un actionnaire, la liberté de faire un procès sans but, mais toujours retentissant et funeste au crédit. Aujourd'hui, surtout, que les membres du conseil de surveillance auront à prendre leur mission plus au sérieux, une négligence coupable ou une connivence dolosive est moins à craindre de leur part; il n'y aurait nul inconvénient, et il y aurait avantage à leur laisser l'initiative à cet égard, et à confier exclusivement à la majorité des actionnaires la décision à prendre. Mais pour enlever à chacun le droit qu'il tient de la loi, il faudrait dans les statuts une disposition expresse; la validité n'en pourrait être contestée, car, loin d'être contraire à l'esprit de la nouvelle loi ou à son texte, elle s'harmoniserait parfaitement avec les pouvoirs confiés au conseil de surveillance par l'art. 9.

111. Pour l'exercice de ses pouvoirs, le conseil délibère à la majorité de ses membres. Aucune loi positive ne l'ordonne ; mais tout démontre qu'il en doit être ainsi : et un usage immémorial, et la nature des choses, et l'imparité même du nombre des membres qui composent le conseil. Tout corps délibérant, quel qu'il soit, ne marche et ne vit que par la loi de la majorité.

112. L'avis de convocation, émanant du conseil, devrait indiquer l'objet à soumettre aux délibérations de l'assemblée, surtout s'il s'agissait de chose aussi grave qu'une proposition de dissolution de la société.

SECTION III.

Responsabilité des membres du conseil de surveillance.

§ 1er.—*Responsabilité spéciale à l'origine de la société, en cas d'annulation du contrat.*

113. Art. 7 (1er alinéa) :

« Lorsque la société est annulée aux termes de « l'article précédent, les membres du conseil de sur- « veillance peuvent être déclarés responsables, soli- « dairement et par corps avec les gérants, de toutes « les opérations faites postérieurement à leur nomi- « nation. »

114. C'est la première, et de beaucoup la plus lourde, des causes de responsabilité que la loi nouvelle fait peser sur les membres du conseil de surveillance. Ce n'est pas seulement la fraude, la volonté de nuire que la loi punit ici : elle frappe, et

5.

d'une peine effrayante par son étendue indéterminée, pour un simple défaut de formalité, pour une omission sans portée. Elle frappe, même sans s'inquiéter s'il y a préjudice causé. Elle poursuit un but : c'est d'assurer, à tout prix, l'observation des formes qu'elle prescrit ; et, pour l'atteindre, elle épuise l'arsenal des pénalités : nullité absolue de l'acte social, prononcée par l'art. 6 ; responsabilité, par corps des membres, du conseil de surveillance, non pas seulement quant à la perte qui a pu être occasionnée par l'inobservation de la loi, mais de toutes les opérations sociales postérieures à leur nomination. Ah ! si cette loi avait impérativement et indistinctement ordonné l'application d'une telle peine, elle mériterait les plus sévères critiques. Est-ce que ce ne sont pas, en effet, des principes d'éternelle justice, qu'il faut proportionner la peine à la faute, et que, lorsque la faute commise n'a pas causé de préjudice, aucune réparation civile n'est due ? Pourquoi donc punir, si ce vice de forme qui annule la société n'a réfléchi en rien, comme il arrivera souvent, sur les opérations sociales ? Ce serait donc alors uniquement pour châtier une désobéissance, moins que cela, un oubli innocent ! Une pareille loi, faisant ainsi abstraction de la volonté, reniant la conscience pour se prosterner devant le fait, serait un acte de matérialisme aveugle et sourd !

115. La loi, heureusement, ne commande pas : elle laisse aux magistrats l'appréciation des circonstances. Mais quel funeste présent elle leur

fait ainsi, et que de perplexités elle leur prépare!

116. Qu'entend-elle, d'abord, par *ces opérations sociales*, dont la responsabilité doit peser sur le conseil de surveillance? Est-ce un recours solidaire qu'elle accorde aux tiers créanciers de la société, comme dans le cas d'immixtion d'un commanditaire dans les fonctions du gérant? Il fallait le dire et s'exprimer aussi clairement que l'art. 28 du Code de commerce; avec cet article, l'associé commanditaire en faute sait à quoi s'en tenir : il « est « obligé solidairement, avec tous les associés en « nom collectif, pour toutes les dettes et engage- « ments de la société. » Mais cette obligation ne pèse définitivement sur lui que s'il n'y a plus d'actif social; autrement il est indemnisé sur cet actif (1). Cette disposition est logique : celui qui capte la foi des tiers, en s'offrant à eux comme administrateur, s'engage personnellement envers eux; ce sont les créanciers sociaux que la loi commerciale voulait protéger contre les gérants fictifs, et elle y a réussi. Aussi n'est-ce plus contre les gérants fictifs que la nouvelle loi prend ses précautions, mais bien contre un nouveau genre de fraude, *la piperie*, qu'on nous passe le mot, des actionnaires.

---

(1) La Cour de Paris, par arrêt du 9 janvier 1836, a décidé que cette indemnité n'est pas due. Mais cet arrêt, suivant M. Troplong, est un de ceux qui échappent parfois *dans ce grand abîme* de la Cour de Paris, comme disait Coquille du Parlement (*Commentaire des sociétés*, n° 440).

Mais alors, en quoi les actionnaires seraient-ils protégés par une pénalité qui ne profiterait qu'aux créanciers sociaux? Elle sera un frein, dira-t-on, soit, quelquefois; mais elle ne les indemnisera pas.

117. L'art. 7 aurait-il donc une autre portée? Et les actionnaires pourraient-ils s'en armer contre le conseil de surveillance, soit en cas de liquidation désastreuse, soit simplement à raison d'opérations partielles mauvaises dues à l'imprudence du gérant?

118. Supposons une liquidation désastreuse par suite de la nullité prononcée par l'art. 6; le fonds social n'est plus intact. — Les actionnaires viennent dire au conseil de surveillance : « Tout ce qui arrive est votre fait; nullité de la société, liquidation anticipée et inopportune, pertes qui en résultent; vous devez compléter le capital social. » Ils ne seraient pas accueillis dans cette prétention; les membres du conseil répondraient qu'ils sont déclarés simplement responsables, c'est-à-dire cautions, sauf leur recours contre le gérant; que la responsabilité n'existe donc à leur charge que lorsque le gérant est lui-même obligé; que le gérant n'est point débiteur, en tout ni en partie, du capital social; que la loi nouvelle n'a point modifié les principes anciens à cet égard; que l'art. 7 au contraire laisse le gérant vis-à-vis des actionnaires dans la même position qu'autrefois.

119. Voyons la seconde hypothèse : le gérant a mal administré dans plusieurs circonstances déterminées, il a causé ainsi à la société un tort qu'il est facile d'évaluer, et il en doit le dédommagement.

Les membres du conseil de surveillance échapperaient difficilement à cette responsabilité solidaire spéciale. C'est même le seul cas dans lequel il puisse intervenir contre eux une condamnation utile aux actionnaires.

120. En résumé, une double responsabilité semble résulter de l'art. 7 ; au profit des créanciers sociaux, indéfiniment ; et au profit des commanditaires, mais seulement jusqu'à concurrence du tort causé par des actes dommageables du gérant.

Ce résultat, que donne la seule interprétation possible de l'art. 7, la seule du moins qu'à mon sens la logique puisse avouer, est loin de satisfaire les sentiments de raison et d'équité qui sont dans la conscience de chacun ; on ne peut s'empêcher de remarquer cette bizarrerie singulière d'une loi faite pour les actionnaires, et qui réserve son égide pour les créanciers, daignant à peine leur donner à eux-mêmes, et par mégarde peut-être, une garantie purement exceptionnelle.

121. Quoi qu'il en soit, voilà quelle est cette responsabilité. Dans telle position donnée, elle peut devenir écrasante ; et ce qui est profondément regrettable, c'est que le juge, une fois le principe admis, n'en peut modérer les conséquences ; le *quantùm*, ce sera, tantôt l'intégralité des dettes sociales, tantôt le montant du dommage causé par le gérant. En dehors de ce maximum, il n'y a de possible que l'absolution. Ce n'est pas être présomptueux d'affirmer qu'en dehors du dol, c'est ce dernier parti qui sera le plus souvent adopté par le juge, comme il arrive toutes les fois qu'il y a disproportion entre la peine et la faute ; la loi manque le but en le dépassant.

122. Il eût été possible cependant de concilier l'intérêt des commanditaires avec l'équité ; il suffisait de décider que les membres du conseil de surveillance seraient responsables du préjudice résultant de l'omission des formalités, ce qui aurait donné lieu à ce triple, mais facile examen de la part du juge : 1° Existe-t-il un préjudice ? 2° Est-il dû à l'inobservation des formes légales ? 3° Quelle en est l'importance ? La loi eût pu aussi permettre au juge de modérer la condamnation, ce qui est autorisé, en matière de pénalité conventionnelle par l'art. 1231 Cod. Nap., pour le cas d'exécution partielle de l'obligation. Ici le juge eût pris pour base la culpabilité, et la punition eût été plus ou moins forte, selon qu'il y aurait eu : concours actif à des manœuvres frauduleuses, c'est-à-dire dol ; connaissance du dol, mais sans y participer ; enfin simple négligence, sans intention nuisible. De cette manière, la faute, même la plus légère, eût été punie, et dans une équitable mesure.

123. Eh bien ! cette seule cause rationnelle de réparation, le préjudice causé par l'inobservation de la loi, l'art. 7 ne la prend même pas en considération ; on l'a vu par ce qui précède, achevons de le démontrer par un exemple : L'art. 4 n'est pas observé ; il en résulte que les fondateurs se font allouer une quantité exorbitante d'actions de primes; que les gérants enflent démesurement leurs apports dont ils reçoivent la représentation en actions; les uns et les autres s'empressent de vendre leurs actions; puis bientôt la vérité se fait jour, et les malheureux commanditaires voient leurs actions diminuer de 50 pour cent; la société est nulle conformément à l'art. 6; les membres du conseil de surveillance ont néanmoins accepté leur mission; ils sont en faute; car s'ils eussent refusé, ils auraient éclairé à temps les commanditaires et empêché la consommation de la fraude; il y a un préjudice qui leur est imputable, et dont ils devraient une réparation plus ou moins étendue, selon le degré de leur culpabilité, comme nous l'avons dit. Dans cette situation, quel secours offre l'art. 7? Aucun. Il statue pour d'autres hypothèses! Et pour des hypothèses qui ne se réalisent pas! Car les créanciers sociaux seront payés, l'actif n'étant pas épuisé; et d'un autre côté, le gérant, nous le supposons, n'a pas commis d'actes dommageables; en sorte que non-seulement les commanditaires n'auront pas d'action contre les membres du conseil de surveillance, mais de plus les prescriptions si impératives des premiers articles de la loi se trouvent dans ce cas dépourvus de toute sanction! L'art. 7 sera lettre morte!

124. Ainsi, trois graves inconséquences dans cet art. 7 : 1° n'ayant en vue que les actionnaires, il donne aux créanciers une protection à peu près inutile; 2° il édicte, sans nécessité, une peine in-

flexible, énorme, et qui par là même ne sera pas appliquée; 3° il n'en prononce aucune contre la seule faute qui était à prévoir et à réprimer.

125. Nous avons vu de quelle manière les membres du conseil de surveillance se trouveront, dans deux hypothèses, responsables des opérations faites *postérieurement à leur nomination*. Faut-il restreindre cette responsabilité aux opérations accomplies jusqu'à la cessation de leurs fonctions? ou bien l'étendra-t-on indéfiniment jusqu'au moment même où l'action serait intentée? Le premier conseil n'étant nommé que pour une année, et les autres étant soumis à la réélection tous les cinq ans au moins, on comprend quel serait l'intérêt de la question après plusieurs renouvellements successifs du conseil. Malgré les termes généraux de la loi, il est impossible d'admettre que les membres du premier conseil, par exemple, soient déclarés responsables de faits accomplis dix ou vingt ans après peut-être. Que chaque conseil réponde de ce qui se sera passé pendant son exercice, n'est-ce pas assez? Les membres d'un même conseil seront déjà solidaires entre eux et avec le gérant; à quoi bon accumuler sur ces solidarités celles des conseils précédents? Il s'agit d'une peine d'ailleurs, et il faut se garder de l'étendre au delà des limites prévues par le législateur; or, il n'est pas permis de supposer qu'une pareille extension, la plupart du temps inutile, soit entrée dans son esprit.

§ 2.—*Responsabilité générale encourue pendant l'existence de la société.*

126. Art. 10 :

« Tout membre d'un conseil de surveillance est « responsable avec les gérants, solidairement et par « corps :

« 1° Lorsque, sciemment, il a laissé commettre, « dans les inventaires, des inexactitudes graves pré- « judiciables à la société ou aux tiers.

« 2° Lorsqu'il a, en connaissance de cause, con- « senti à la distribution de dividendes non justifiés « par des inventaires sincères et réguliers. »

127. L'art. 10 est celui qui a soulevé les plus ardentes réclamations; s'il passait dans la loi, c'en était fait, disait-on, des sociétés en commandite; il ne se trouverait pas, dorénavant, un homme sérieux pour courir de pareils dangers; il faudrait payer les membres du conseil de surveillance, qui, dès lors, ne seraient plus que les serviles complaisants du gérant. Lors de la discussion de la loi devant le Corps législatif, M. le rapporteur de la commission a fait une réponse de nature à faire taire bien des clameurs : *Il lui était difficile de comprendre*, a-t-il dit, *pourquoi on s'effrayait tant de ce que le projet de loi voulait que nul ne pût être fripon et tromper le public impunément*. Honnête énergie, à laquelle j'applaudis de tout mon cœur !

128. En réalité, ces terreurs, sincères sans aucun doute, étaient chimériques; et, au lieu d'effrayer, la loi devait rassurer. Dans la discussion, M. le

rapporteur a dit que la disposition consacrée par l'art. 10 n'*était pas une nouveauté*. Il avait raison, en ce sens que ce n'est pas une nouveauté *aggravant* la situation antérieure des conseils de surveillance ; mais, je l'affirme sans hésiter, et sauf à le prouver de suite, cette disposition circonscrit et allége la responsabilité qui pesait sur eux d'après des principes du droit commun.

129. Ainsi, ce qui frappe à la simple lecture de cet article, c'est une sorte de sollicitude de la part du législateur pour les conseils de surveillance : il craint, et avec raison, d'en éloigner les personnes honorables ; ainsi, tout en avertissant, il rassure ; il se pose des conditions à lui-même ; il désarme à l'avance la justice, si ce n'est pas *sciemment, en connaissance de cause*, qu'ont agi les conseils de surveillance. Il pardonne à l'ignorance, à la négligence.

130. Qu'est-ce donc que cette indulgence extrême, sinon un adoucissement du droit commun ! Les membres d'un conseil de surveillance ne sont-ils pas de véritables mandataires des actionnaires, et à ce titre responsables, comme tout mandataire, non-seulement du dol, mais encore des fautes par eux commises (1) ? Et ne serait-ce pas une faute grave, de la part d'un conseil de surveillance, que de ne rien surveiller, de tout négliger, de laisser, sans

(1) Art. 1992, Cod. Nap.

s'en inquiéter, *sans le savoir*, commettre des inexactitudes préjudiciables dans les inventaires, et distribuer des dividendes pris sur le capital ? Croit-on qu'en présence d'un tel abandon de ses devoirs, le conseil de surveillance, traduit à la barre de la justice, eût été renvoyé absous ? Est-ce qu'enfin la *négligence ou l'imprudence* ne suffit pas, même entre étrangers, pour donner lieu au quasi-délit de l'art. 1383.

131. Aujourd'hui, au contraire, s'appuyant sur l'art. 10 de la nouvelle loi, les membres du conseil de surveillance accusés pourront répondre : *Nous ne savions pas*. Et si les poursuivants prétendent le contraire, c'est à eux qu'en incombera la preuve en leur qualité de demandeurs. Là, précisément, gît la différence caractéristique entre la situation faite aux conseils de surveillance par la loi du 17 juillet, et celle qui leur appartenait sous l'empire des principes généraux du droit. Autrefois, la simple ignorance des fraudes du gérant n'eût pas été une excuse admissible ; l'ignorance invincible eût seule pu les absoudre, et encore eussent-ils dû en faire la preuve ; maintenant la simple ignorance les affranchit de toute responsabilité ; elle est même présumée exister, sauf la preuve contraire à la charge des demandeurs. On voit, par là, le peu de fondement des reproches adressés au projet de loi.

132. La preuve à fournir contre les membres du conseil de surveillance pourra se faire, d'ailleurs, par tous les moyens indiqués par le droit civil ;

c'est-à-dire par des actes ou écrits quelconques, par des correspondances, par témoins, par des présomptions graves, précises et concordantes ; la loi commerciale autorise même les présomptions ordinaires ; en sorte qu'il est vrai de dire qu'il y aura toujours à faire une appréciation abandonnée aux lumières et à la conscience des magistrats.

133. Le défaut absolu de surveillance ne serait pas, je le maintiens, abstraction faite de toute autre circonstance, une présomption suffisante pour motiver la condamnation ; mais, réuni à d'autres éléments, il pourrait acquérir assez d'importance pour entraîner la conviction du juge. Qu'on suppose, par exemple, l'omission du rapport annuel prescrit par l'art. 8, ce serait là une considération capitale et souvent décisive contre les membres du conseil de surveillance. Quel est, en effet, le but de ce rapport obligatoire ? C'est de les contraindre à faire une étude sérieuse, approfondie, de la situation sociale, et de rendre aussi rare que possible la trop facile excuse de l'ignorance. A moins de recevoir le rapport tout fait des mains du gérant, ils devront presque toujours s'apercevoir des inexactitudes graves que peut contenir l'inventaire, et savoir si les dividendes sont pris sur les bénéfices ou sur le capital. Si donc ils s'abstiennent de faire ce rapport, il y a lieu de penser que c'est par une complaisance coupable envers le gérant ; ils violent, d'ailleurs, l'art. 8 de la loi ; aussi leur condamnation serait-elle alors presque infaillible.

134. Cependant l'omission du rapport pourrait quelquefois ne venir que de pure négligence et ne cacher aucune arrière-pensée ; le conseil de surveillance devrait-il néanmoins être déclaré responsable ? Il faut distinguer : Si les fraudes de l'inventaire étaient assez habilement dissimulées pour que l'examen le plus consciencieux n'eût pu les découvrir, il serait déraisonnable de punir l'omission du rapport. Dans le cas contraire, cette omission serait un fait dommageable, puisque, sans elle, les actionnaires eussent connu les inexactitudes et qu'ils eussent pu en prévenir les conséquences, notamment la distribution d'un dividende exagéré. Le conseil de surveillance ne pourrait plus se contenter de dire : *Je ne savais pas*. On lui répondrait : Vous avez négligé ce que la loi vous commandait pour apprendre ; vous ne pouvez invoquer, comme excuse, une violation de la loi.

135. Il n'est donc pas exact de dire d'une manière absolue que « *la loi ne punit pas la simple ignorance, la simple négligence,* » mais seulement « *la science, la mauvaise intention, le dol* (1). » Cela n'est vrai qu'en général, comme on l'a vu plus haut ; mais, dans le cas particulier des art. 8 et 10, la loi exige un acte formel, le rapport, qui atteste une surveillance sérieuse, au moins une fois chaque année ; s'il néglige cet acte, s'il foule aux pieds

(1) Paroles extraites du rapport de M. Langlais (de la Sarthe).

l'ordre de la loi, le conseil est coupable au premier chef. Si la loi, même dans ce cas, n'entendait punir que le dol, elle serait inutile, et le droit commun suffirait. Les paroles citées plus haut doivent donc s'interpréter en ce sens que, si la loi ne punit pas la négligence générale des choses sociales, elle punit, toutefois avec la distinction susindiquée, cette *négligence spéciale* qui consiste à omettre le rapport prescrit par l'art. 8, et cela, encore bien qu'il n'y eût *ni science, ni mauvaise intention, ni dol.*

136. Il faudrait assimiler à l'omission un rapport reçu tout préparé des mains du gérant; ou même un rapport dressé par le conseil de surveillance, mais insuffisant, contenant des erreurs, révélant au premier coup d'œil le défaut de soin et d'attention ; car une pareille œuvre n'aurait d'un rapport que le nom, et ne satisferait pas au vœu de la loi.

137. L'art. 10 restreint à deux, les causes de responsabilité des membres du conseil de surveillance :

1° S'ils ont laissé commettre, dans l'inventaire, des inexactitudes graves, préjudiciables à la société ;

2° S'ils ont consenti à la distribution de dividendes non justifiés.

138. Sur le premier point, il y a une légère faute de rédaction. *Ils ont laissé commettre.....*, dit la loi. Mais l'inventaire émane du gérant seul ; ils ne peuvent donc empêcher celui-ci d'y commettre des erreurs. Ce qu'ils ont à faire, c'est de les signaler dans leur rapport, et là se borne leur devoir.

139. La commission du Corps législatif avait proposé un amendement qui remplaçait les mots : *Inexactitudes graves*, par ceux-ci : *Énonciations ou omissions frauduleuses*. Le conseil d'État a eu raison de ne pas l'accueillir, car l'inventaire peut contenir des erreurs non frauduleuses ; comme elles pourraient cependant nuire à quelqu'un, soit à la société, soit aux tiers, il y a le même intérêt à les révéler que si elles avaient été commises dans une pensée de dol.

140. Les inexactitudes doivent être graves pour engager le conseil de surveillance, dont l'attention pourrait ne pas être éveillée par de minimes erreurs. Le degré de gravité est nécessairement laissé à l'appréciation du juge.

141. Elles doivent, de plus, porter préjudice à la société ou aux tiers. Cela va de soi ; le conseil n'est que responsable, c'est-à-dire caution du gérant ; s'il n'y a pas de préjudice, celui-ci ne doit rien, et encore moins la caution.

142. Nous avons vu plus haut ce que la loi entend, par *dividendes non justifiés par des inventaires sincères et réguliers* (1).

143. L'art. 10 impose la responsabilité à tout membre du conseil, lorsqu'il a *consenti* à la distribution de ces dividendes. Il ne veut pas dire, par là, qu'il faille une manifestation de volonté formelle,

---

(1) *Suprà*, nos 101 et 102.

comme celle exigée, par exemple, pour la validité des contrats. L'expression légale a ici le sens vulgaire du dicton : *Qui ne dit rien consent.* Le silence gardé dans le rapport équivaudrait donc indubitablement à un assentiment exprès.

144. S'il y avait dissentiment entre les membres du conseil, la minorité devrait avoir soin d'exiger l'insertion de son avis dans le rapport ; et en cas de refus, protester dans le sein de l'assemblée ; puis faire mentionner sa protestation au procès-verbal ; ou même la faire constater par huissier, séance tenante. Car chacun, en pareil cas, répond de son fait personnel, et c'est pour mieux l'indiquer que cette expression : *tout membre.... est responsable*, a été substituée dans l'art. 10 à celle plus vague du projet de loi : *les membres.... sont responsables.*

145. On s'est demandé ce qui arriverait, si un membre du conseil de surveillance s'abstenait de prendre part au rapport, sous le prétexte, ou qu'il a manqué de temps pour examiner l'inventaire, ou qu'il n'a pas reçu les éclaircissements dont il avait besoin. Et on a répondu que ses collègues devraient le mettre en demeure, le sommer d'articuler nettement ses raisons, l'obliger en un mot à prendre sa part de la responsabilité (1). Cette solution me paraît inexacte. La responsabilité n'est point commune, mais personnelle à chacun, comme on vient de le

---

(1) *V.* le *Commentaire* de M. Paignon.

voir. Il n'existe donc aucun moyen de contrainte, surtout de la part des autres membres du conseil, contre celui d'entre eux qui veut s'abstenir. Mais l'abstention sera bien rare, à cause du danger qu'elle ferait courir; le rapport est en effet un devoir impérieux; les prétextes invoqués seraient sévèrement appréciés par la justice en cas de fraude du gérant; et s'ils étaient jugés futiles, le membre qui se serait abstenu serait dans la même situation que s'il y avait eu omission de rapport; c'est-à-dire qu'il encourrait la responsabilité, tandis que ses collègues en seraient affranchis, si leur rapport était loyal et consciencieux.

146. La démission d'un membre, au moment de la présentation du rapport, produirait contre lui les mêmes conséquences fâcheuses; et si elle était jugée intempestive, faite exprès dans le but d'éviter l'obligation du rapport, ce membre serait condamné comme responsable.

147. En résumé, il sera toujours facile à chacun des membres du conseil d'éviter cette responsabilité de l'art. 10, dont on a cherché avec si peu de raison à faire un épouvantail; qu'il prenne part au rapport annuel dû à l'assemblée générale; que ce rapport soit une œuvre sérieuse et dictée par la bonne foi; jamais, même s'il se trompe, aucune responsabilité ne l'atteindra.

148. L'art. 10 ne détermine pas, comme l'art. 7, quelle sera l'étendue de la responsabilité. Lorsqu'il s'agira d'inexactitudes graves dans l'inventaire, elle sera en général assez aisée à fixer ; l'inexactitude rectifiée donnera la mesure du préjudice causé à la société ou aux tiers ; le gérant sera tenu en première ligne de la réparation de ce préjudice, à laquelle seront condamnés solidairement les membres du conseil de surveillance. S'il s'agit de distribution de dividendes non justifiés, un préjudice pourra en résulter pour deux classes de personnes : pour les tiers créanciers de la société, dont le gage aura ainsi partiellement disparu ; et pour les personnes qui auront acheté des actions sur la foi de ces dividendes mensongers. Cette double responsabilité pourrait, dans certaines circonstances, atteindre d'énormes proportions, et dans le silence fâcheux de la loi, il ne serait pas possible aux juges de la modérer ; car elle doit être nécessairement égale aux condamnations, qui seraient obtenues contre le gérant, débiteur principal.

§ 3.—*Prescription de l'action en responsabilité.*

149. Quelle sera la durée de l'action en responsabilité accordée contre les membres du conseil de surveillance par les art. 7 et 10, et contre les fondateurs qui ont fait un apport ou stipulé des avantages particuliers ? Elle se prescrira, conformément à l'art. 64 du Code de commerce, cinq ans après la fin ou la dissolution de la société, si l'acte de société ou l'acte de dissolution a subi les publications légales. Dira-t-on que cette action, de création nouvelle, ne peut tomber sous l'application du Code de commerce ; et

qu'à défaut de dérogation au droit commun dans la loi du 17 juillet, c'est la prescription trentenaire qui doit l'emporter? Ces objections seraient vaines; ce qu'il s'agit de rechercher dans cette loi, c'est, au contraire, une dérogation à l'art. 64; or il n'y en a pas; cet article domine donc la loi nouvelle, car il forme le droit commun de la prescription entre associés; et il est du reste en parfait accord avec l'esprit général du droit commercial sur la durée des prescriptions.

150. La prescription trentenaire serait toutefois applicable, 1° si les membres du conseil de surveillance ou fondateurs responsables étaient en même temps liquidateurs de la société, 2° s'il s'agissait d'une société purement civile, à supposer qu'une société de cette nature puisse revêtir la forme d'une commandite par actions; question bien grave, mais qu'il n'entre pas dans le cadre de ce travail d'examiner.

TITRE V.

Des Sanctions civiles et pénales.

Le législateur s'est proposé de remédier à un état de choses menaçant pour la foi publique, aussi bien que pour l'industrie; aussi a-t-il fait appel à toutes les sévérités de la plus énergique répression, et a-t-il cru nécessaire de mettre son œuvre sous la double sauvegarde de la justice civile et pénale.

SECTION PREMIÈRE.

Des sanctions civiles.

§ 1er. — *Nullité de la société.*

151. Art. 6.

« Est nulle et de nul effet à l'égard des intéressés « toute société en commandite par actions, constituée « contrairement à l'une des prescriptions énoncées « dans les articles qui précèdent.

« Cette nullité ne peut être opposée aux tiers par « les associés. »

152. La loi, dans ses premières dispositions, inaugure certaines formes qu'elle regarde comme essentiellement protectrices; et pour en assurer l'observation, elle frappe de nullité la société qui contreviendrait à ses prescriptions. Cette nullité est tout à la fois relative et absolue : relative, en ce sens qu'elle n'est pas opposable aux tiers; mais absolue à l'égard des intéressés, qui peuvent réciproquement l'invoquer ou se l'opposer.

153. Il est à remarquer que l'art. 6 reproduit textuellement les termes de l'art. 42 du Code de commerce, et qu'il est conçu dans le même esprit. Ce dernier article ordonne la publication des sociétés, et il se termine ainsi : « Ces formalités seront « observées *à peine de nullité à l'égard des inté-* « *ressés*; mais le défaut d'aucune d'elles *ne pourra* « *être opposé a des tiers par les associés.* » L'exposé des motifs énonce d'ailleurs que « le mot *inté-* « *ressés*, emprunté à l'art. 42 du Code de com-

« merce, est pris dans l'acception que lui a déjà « donnée la jurisprudence. »

154. L'une des plus délicates questions auxquelles a donné lieu l'art. 42, Cod. comm., est celle-ci : L'exécution volontaire de la société couvre-t-elle le défaut de publications légales? De même, on se demandera, dans l'application de la loi nouvelle, si l'exécution volontaire couvre la violation de ses prescriptions. La jurisprudence tend à s'établir dans le sens de la nullité; mais ce serait sortir des limites bornées de ce travail que de la reproduire ici; on peut consulter à cet égard les traités spéciaux et les recueils de jurisprudence (1).

155. D'autres questions se présenteront aussi sur la signification des mots : intéressés et tiers, sur le concours des créanciers personnels avec les créanciers sociaux. Un arrêt récent, émané de la chambre civile de la Cour de cassation, en date du 13 février 1855 (2) jette un grand jour sur ces délicates matières : il résout avec une grande netteté les diverses hypothèses soulevées par l'espèce, et dont la relation ne serait à sa place, encore une fois, que dans un ouvrage complet sur les sociétés.

---

(1) *V.* M. Troplong, *Des Sociétés*, n° 248.

La 1re et la 4e chambre de la Cour de Paris, par deux arrêts, l'un du 26 janvier 1855, l'autre du lendemain (D. P. 55.2.196), ont tranché la question en sens contraire. L'opinion de la 1re chambre, pour la nullité absolue, est plus généralement suivie (Conf. 16 mars 1852, D. P. 52.1.72).

(2) D. P. 55.1.308.

156. Pourquoi le législateur, au lieu de renvoyer à la jurisprudence, n'a-t-il pas usé du pouvoir suprême qui lui appartient? Les controverses de jurisprudence donnent lieu sans doute à des luttes remplies d'intérêt pour le jurisconsulte; mais elles sont profondément déplorables, au point de vue de l'intérêt du justiciable, et pourquoi le taire? au point de vue de la dignité de la justice, dont la balance semble osciller au gré des temps et des circonstances. Aussi, à une certaine époque, l'autorité législative devait-elle intervenir, et, par son interprétation souveraine, mettre fin à ces conflits pour l'avenir. Aujourd'hui, du moins lorsque l'occasion lui est fournie de statuer sur un point de droit contesté, pourquoi ne se prononcerait-elle pas? Craindrait-elle de compromettre sa majesté dans d'infimes détails? Sans doute il appartient à la loi de ne poser que des principes, et de le faire en termes concis, mais entre l'âpre langage lapidaire des douze tables et le style prolixe des conventions privées, il y a un moyen terme. D'ailleurs, la loi doit-elle à la concision sacrifier la précision (1) ?

157. La nullité prononcée par l'art. 6 n'est pas facultative pour le juge; il est obligé de la pronon-

---

(1) Ce sont deux qualités difficiles à réunir :

. . . . *Brevis esse laboro*
Obscurus fio.

Mais s'il faut absolument choisir, la précision doit incontestablement l'emporter.

cer. Il eût mieux valu s'en remettre à sa conscience et à ses lumières, comme la loi le fait dans nombre d'autres dispositions. Créer ainsi des nullités, en ordonner impérativement l'application, c'est alimenter l'esprit de chicane, et risquer de procurer souvent gain de cause à la mauvaise foi. Il suffira d'une simple contravention matérielle, résultat de l'inattention, pour motiver l'annulation de la société la plus loyale et présentant le plus de chances de succès. On le voit donc, un pareil remède est de ceux qui guérissent leur malade ou..... le tuent.

158. En général, la nullité d'un acte, pour vice de forme, ne devrait pas être prononcée à moins de préjudice causé, et comme moyen de réparer, autant que possible, ce préjudice. Est-ce donc en effet par une sorte d'adoration platonique de la forme que la loi se montre si sévère ? Non ; mais parce que la forme est un vêtement qui protége. Lors donc qu'elle a été inutile, que la justice n'est pas lésée, qu'il n'y a pas, en un mot, de préjudice, pourquoi tirer du fourreau cette vieille arme de la nullité, empruntée aux temps de la pratique la plus superstitieuse et la plus barbare ?

159. La loi aurait pu mitiger ce qu'il y a de sévère dans l'art. 6, en abrégeant la durée de l'action en nullité. Un délai de deux ans eût été bien suffisant pour tous les intéressés ; mais en l'absence de dérogation au droit commun, elle ne se prescrira que 10 ans après la nullité commise, en sorte qu'elle pourra être intentée pendant toute la durée d'un

grand nombre de sociétés. Il n'y a que celles dont la durée sera de plus de dix ans, qui auront le privilége de respirer enfin en toute sécurité, après ce temps écoulé (1).

Il est à remarquer que, par une contradiction singulière, l'action en responsabilité, créée par la loi comme conséquence de l'annulation de la société et qui se prescrit 5 ans après la fin de la société (2), pourra souvent avoir une durée moindre que l'action en nullité.

160. En présence de toutes ces rigueurs, il est bien important d'indiquer les prescriptions, à la violation desquelles la loi attache la sanction de la nullité. L'art. 6, sans les énumérer, se borne à dire qu'elles sont énoncées *dans les articles qui précèdent;* mais il n'y en a aucune dans l'art. 3 ; elles se trouvent dans les quatre autres articles, et peuvent se résumer dans l'ordre suivant, qui est celui adopté pour ce travail.

Constitution de la Société :

1° Souscription de la totalité et versement du quart du capital social (art. 1);

2° Déclaration de ces faits par le gérant dans un acte authentique, avec annexe de la liste des souscriptions (art. 1) ;

3° Première assemblée générale pour la vérifica-

(1) Art. 1304, Cod. comm.

(2) *V. suprà*, 149, 150.

tion de l'apport et des avantages particuliers (art. 4); Seconde assemblée pour l'approbation du tout (a. 4);

5° Vote à la majorité des actionnaires présents, majorité devant comprendre le quart des actionnaires et le quart du capital social en numéraire (art. 4);

6° Exclusion du vote des associés qui ont fait l'apport ou stipulé les avantages (art. 4).

Des Actions :

7° Minimum de 100 et 500 pour chaque action (art. 1);

8° Actions devant rester nominatives jusqu'à leur libération (art. 2).

Du Conseil de surveillance :

9° Conseil de surveillance de au moins 5 membres, nommé immédiatement par l'assemblée générale, d'abord pour un an, puis rééligible tous les 5 ans (art. 5).

161. Par qui la nullité peut-elle être poursuivie? Par un seul des intéressés. Ce n'est pas là une question de majorité; la loi a été violée, l'acte est nul; il suffira d'un seul actionnaire mécontent qui se mette à la recherche de l'un des nombreux moyens de nullité que fournit l'art. 6, pour arrêter, s'il le trouve, la société la plus prospère, et la précipiter à sa ruine. Prévenir ce danger est même impossible; car toute stipulation qui tenterait d'enlever la poursuite

à chaque actionnaire pour la confier exclusivement à l'assemblée générale serait illicite.

Tant il est vrai qu'un mauvais arbre ne donne que de mauvais fruits; et que d'un principe, injuste ou faux, ne sauraient découler que des conséquences funestes !

162. La nullité étant prononcée, il resterait à liquider cette société illégale, qui aurait eu cependant une existence de fait. Comment et sur quelles bases se ferait la liquidation? Est-ce d'après les conventions statutaires ou, au contraire, sans y avoir égard, et d'après les règles du droit commun? Ici, encore, grande divergence dans la jurisprudence; pourtant l'opinion qui tend à prévaloir est celle qui rattache la liquidation aux statuts sociaux, bien moins soucieuse, et avec raison, de la stricte application d'un droit douteux que des éternelles règles de l'équité et de la bonne foi (1).

§ 2. — *Responsabilité.*

163. Art. 7.

Cet article, dont le texte a déjà été reproduit, impose une lourde responsabilité, en cas d'annulation de la société, aux membres du conseil de surveillance, et aux fondateurs qui ont fait des apports ou stipulé des avantages particuliers. La loi les établit, en quelque sorte, gardiens de ses prescriptions; et elle punit leur infidélité ou leur défaut de vigilance.

---

(1) V. M. Troplong, *Des Sociétés*, n° 249.

Nous avons vu les nombreuses difficultés auxquelles donne lieu l'application de cet article ; on peut se reporter, à cet égard, au titre II, section 2e, et au titre IV, section 3e (1).

SECTION II.

Sanctions pénales.

C'est dans les art. 11, 12 et 13 que se trouvent les sanctions pénales ; elles ont rapport :

A l'émission des actions,

A leur négociation,

Et à la provocation des souscriptions.

Il est inutile de reproduire ici le texte de ces articles, qui n'exigent que des observations succinctes.

§ 1er. — *Émission des actions.*

164. L'art. 11 punit l'*émission* d'actions ou de coupons d'actions d'une société constituée contrairement aux art. 1 et 2 ; il y aurait donc délit dans trois cas :

1° Si le taux des actions était inférieur au minimum légal de 100 ou 500 fr. (art. 1) ;

2° Si les actions étaient délivrées au porteur avant leur entière libération (art. 2) ;

3° Si la société s'était constituée avant la souscription réelle de tout son capital, et le versement effectif du quart de chaque action (art. 1).

---

(1) *Suprà*, nos 44 et suiv., 113 et suiv.

165. L'émission des actions, nous l'avons vu plus haut, ne doit avoir lieu, en bonne règle, qu'après la constitution définitive de la société. Cependant elle ne serait pas un délit dans tous les cas.

En effet, la constitution est subordonnée à deux conditions : l'une contenue dans l'art. 1er, et relative au capital ; l'autre, contenue dans l'art. 4, exigeant une double réunion de l'assemblée générale. Or, l'art. 11 ne fait mention que de la première condition ; en sorte que cette condition étant remplie, l'émission des actions aurait lieu sans délit avant l'accomplissement de la seconde.

166. Cette émission ne serait pas, cependant, sans inconvénient ; puisque, en cas de refus d'approbation des apports par l'assemblée générale, la société n'aurait pas de suite, et qu'ainsi des actions sans valeur se trouveraient lancées dans le public. Le législateur a sans doute considéré ce danger comme assez lointain pour être dispensé de le prévoir. Et il a pensé qu'une société ayant son capital souscrit en entier, et réalisé pour un quart, présentait assez de solidité et assez de chances de constitution définitive, pour n'être pas obligée d'ajourner encore l'émission de ses actions.

167. Mais, voici une autre hypothèse : une société n'a pas encore tout son capital souscrit, ou n'en a pas encore encaissé le quart ; elle ne se constitue pas pour ne pas se mettre en opposition avec l'art. 1er ; néanmoins, elle émet ses actions. Commet-elle ainsi un délit prévu par l'art. 11? Contre

l'émission, on peut faire valoir les motifs qui ont dicté l'art. 11 ; le trafic des actions n'est légitime qu'autant que les sociétés sont sérieuses ; la loi ne considère pas comme telle une société, dont le capital ne se trouve pas dans les conditions de l'art. 1er. Mais ne serait-ce pas là une extension de l'art. 11, et ne serait-ce pas violer les principes de la loi pénale, qui défendent l'analogie? D'ailleurs, l'analogie serait-elle bien parfaite? Dans l'hypothèse que nous examinons, la société ne s'est pas constituée ; déjà, sous ce rapport, elle n'a pas violé l'art. 1er ; et cette circonstance est essentielle, car les actions ne pourront mentionner la constitution, à peine de faux ; dès lors, leur émission est bien moins dangereuse, car elles révéleront par elles-mêmes que la société n'a encore qu'une existence précaire.

168. La constitution anticipée de la société, au mépris des art. 1 et 4, ne constitue par elle-même aucun délit ; il faut qu'il y ait émission des actions dans la situation qui vient d'être déterminée.

169. L'art. 11 crée encore un autre délit : c'est le fait, par le gérant, de commencer les opérations sociales avant l'entrée en fonctions du conseil de surveillance. Ce terme, *l'entrée en fonctions*, est assez malheureux ; le conseil de surveillance, aussitôt qu'il est nommé, peut et doit fonctionner ; il suffisait donc de défendre au gérant d'agir avant la nomination du conseil, ou du moins avant son acceptation.

§ 2. — *Négociation des actions.*

170. L'art. 12 range dans la classe des délits les trois faits suivants :

170 *bis.* 1° Négociation d'actions ou de coupons d'actions,

Dont le taux excéderait le minimum légal de 100 ou 500 f. (art. 1) ;

Qui seraient au porteur avant leur entière libération (art. 2) ;

Ou dont les 2/5 n'auraient pas été versés (art. 3) ;

171. 2° Toute participation à ces négociations ;

Cette disposition n'existait pas dans le projet du conseil d'Etat ; il y avait seulement un article spécial aux agents de change, en faveur desquels était réduite la peine édictée pour la négociation ; mais, à la demande de la commission du Corps législatif, cet article a été supprimé ; et les agents de change sont assimilés à tous autres intermédiaires.

172. 3° Toute publication de la valeur desdites actions ;

Lors de la discussion au Corps législatif, M. Dalloz demanda si la peine, encourue pour la publication, serait appliquée au gérant du journal qui aurait fait l'insertion, ou au gérant de la société qui l'aurait requise. M. Duvergier, conseiller d'Etat, a répondu que tout dépendrait des circonstances; et que l'intention de ceux qui auraient fait la publication serait appréciée par les tribunaux.

173. L'art. 12, qu'on le remarque bien, ne punit les négociateurs, intermédiaires et publicateurs,

que dans le cas où les actions ne rempliraient pas les trois conditions, de taux, de forme et de versement indiquées ci-dessus; elle ne les oblige pas à s'assurer si la société est ou non constituée, si même le capital est intégralement souscrit, ou si le quart en est versé. Ces circonstances n'ont d'intérêt que vis-à-vis des auteurs de l'émission des actions. La différence entre la situation de ceux-ci et celle des personnes qu'a en vue l'art. 12, se reproduit d'une manière sensible dans la rédaction des articles 11 et 12.

§ 3. — *Provocation des souscriptions.*

174. L'article 13 contient toute une série assez longue de délits nouveaux, qu'il punit des peines de l'escroquerie (1); les délits résulteront des faits suivants :

1° Simulation de souscriptions;

2° Simulation de versements;

3° Publication de mauvaise foi de souscriptions ou de versements imaginaires;

4° Publication de tous autres faits faux;

Le tout dans le but d'obtenir des souscriptions ou des versements. La tentative est punie comme le délit lui-même.

5° Publications de mauvaise foi, de noms de per-

(1) Art. 405, Cod. pén.—Emprisonnement d'un an au moins et cinq ans au plus, et amende de 50 fr. au moins et 3,000 fr. au plus, avec interdiction facultative, pendant cinq ans au moins et dix ans au plus, des droits mentionnés en l'art. 42, Cod. pén.

sonnes déclarées faussement attachées à la société, dans le but de provoquer des souscriptions ou des versements;

6° Répartition de dividendes fictifs, en l'absence d'inventaires, ou au moyen d'inventaires frauduleux.

§ 4. — *Complicité.*

175. Les principes de la complicité seront, bien entendu, applicables, toutes les fois qu'il y aura lieu; et, à ce propos, il n'est pas inutile de rapporter l'un des modes les plus fréquents de complicité, tel que l'a défini l'art. 60, Cod. pén.

Le 3e § de cet article considère comme complices : « ceux qui auront, avec connaissance, aidé ou as- « sisté l'auteur ou les auteurs de l'action, dans les « faits qui l'auront préparée ou facilitée, ou dans « ceux qui l'auront consommée. »

§ 5.—*Circonstances atténuantes.*

176. La peine pourra toujours être modérée par l'admission de circonstances atténuantes, conformément à l'art. 463 du Cod. pén.

TITRE VI.

Des actions judiciaires.

177. L'art. 14, dont le texte est parfaitement clair, concède aux actionnaires une précieuse faveur, en leur permettant de se faire représenter devant les tribunaux par des commissaires. C'est une déro-

gation à l'ancienne maxime : *Nul en France ne plaide par procureur.*

178. On a fait à cet article le reproche de faciliter les procès contre le gérant et les membres du conseil de surveillance. Ce reproche est sans fondement, car rien n'est changé au fond du droit; les mêmes actions réciproques subsistent, et les commissaires représentant les actionnaires ne pourront pas demander plus que ceux-ci, individuellement, n'auraient fait. Voici seulement où est le changement : Les actionnaires autrefois ne pouvaient s'unir dans un procès sans donner lieu à des frais considérables, la procédure obligeant à faire autant d'actes qu'ils étaient d'individus plaidants ; sous ce rapport ils se trouvaient vis-à-vis de leurs adversaires, gérant ou conseil de surveillance, dans un désavantage évident; la loi nouvelle a établi l'égalité dans les situations. Pourquoi se plaindre que la justice s'est rapprochée des uns, si elle est ainsi à la même distance des autres !

179. Les actionnaires peuvent s'unir, soit en assemblées générales, soit par groupes, sur la convocation des plus diligents d'entre eux. Ceux qui veulent être représentés par des commissaires donnent leur adhésion; les dissidents restent en dehors du procès, ou ils y interviennent personnellement, comme le leur permet le dernier alinéa de l'art. 14, mais à la charge de supporter les frais de leur intervention. Il n'est pas question ici de majorité ou de minorité.

180. Sans doute, dans certains cas, le gérant couvert, par un vote de la majorité de l'assemblée, n'aura rien à craindre de la poursuite que la minorité persisterait à intenter contre lui. Mais il s'agit là du fond du droit, auquel, répétons-le, ne touche pas l'art. 14; le gérant devrait toujours subir la poursuite de la minorité qui, pour ce précisément, pourrait se faire représenter par des commissaires; il opposerait ensuite sa fin de non-recevoir tirée du vote de la majorité, et les tribunaux auraient à juger si, dans le cas particulier, la minorité est liée par la majorité, et si la fin de non-recevoir est admissible (1).

181. C'est aux principes généraux qu'il faut recourir, pour savoir dans quelles circonstances le vote de la majorité, en faveur du gérant, serait une fin de non-recevoir victorieusement opposable aux actionnaires dissidents. Bornons-nous à signaler une distinction fondamentale, que fournit l'étude attentive de ces principes. Dans tous les actes d'administration ordinaire, l'approbation de la majorité

---

(1) M. Paignon, dans son *Commentaire*, déjà cité, est tombé dans cette confusion de l'exercice du droit avec le droit lui-même. L'art. 14 ne statue que sur l'exercice du droit, qu'il facilite aux actionnaires, mais il n'astreint jamais à une majorité quelconque, puisque les dissidents peuvent rester en dehors du procès, ou y intervenir à leurs frais. C'est par suite de cette confusion qu'il suppose une décision à prendre par la majorité de l'assemblée, et qu'il exige, par une analogie qui en aucun cas n'aurait de raison d'être, la majorité prescrite par l'art. 4.

serait un bouclier pour le gérant ; cette approbation résulterait le plus souvent, d'une manière implicite, du vote sur le compte annuel habituellement présenté par le gérant. En dehors de l'administration, la majorité serait presque toujours sans pouvoir ; ainsi : en cas de violation des statuts par le gérant ; en cas d'innovations graves aux choses sociales (1) ; dans le cas où il surviendrait un motif légitime de dissolution de la société (2), et autres semblables.

182. Parmi les membres adhérant au procès à intenter ou à soutenir, la nomination des commissaires a lieu à la majorité des suffrages. Toutes ces dispositions, quoiqu'on en ait dit, ne sauraient présenter dans l'application aucune difficulté sérieuse.

183. Si, ce qui est difficile à prévoir, un obstacle insurmontable s'opposait à la nomination des commissaires, la loi, par une prévoyance qui semble extrême, attribue cette nomination au tribunal de commerce.

184. Les prérogatives dont il s'agit appartiennent, en vertu de l'alinéa final de l'art. 15, aux actionnaires des sociétés qui existaient lors de la loi.

---

(1) Art. 1859, Cod. Nap., n° 4. — *V.* M. Troplong, *Des Sociétés*, n° 736.

(2) Art. 1871, Cod. Nap.—Et *suprà*, n° 108.

TITRE VII.

Dispositions transitoires.

185. Art. 15.

Le principe de la non-rétroactivité des lois ne permettait pas au législateur de rendre applicables aux sociétés existantes toutes les dispositions protectrices de la loi nouvelle ; leur constitution, d'ailleurs, appartenait au passé et échappait à son empire ; mais il a pensé que l'organisation des moyens de surveillance pour l'avenir lui était permise ; que ce n'était point là porter atteinte à des droits acquis.

186. Voici l'économie de l'art. 15, qui a pour but la réalisation de cette pensée :

1° Il existait, on le suppose, des sociétés qui avaient négligé cette précaution si naturelle d'un conseil de surveillance ; la loi les oblige à réparer cette lacune dans les six mois de sa promulgation ;

2° Les conseils existant dans les autres sociétés sont maintenus ;

3° Aux uns et aux autres sont appliqués les art. 8, 9 et 10 sur les droits, les devoirs, et la responsabilité des conseils de surveillance.

187. La première disposition semble porter, non sur un état de choses réel, mais sur une pure hypothèse. Quelle est, en effet, la société d'actionnaires qui aurait commis l'insigne imprudence de n'avoir aucun représentant de ses intérêts auprès de la gérance ? On l'a dit sur tous les tons et dans tous les styles, les actionnaires ont été souvent gens crédules et simples ; cependant l'intrigue, toute nue, les aurait-elle jamais séduits ? non, elle savait se voiler sous de brillantes apparences, et c'est elle surtout qui sut décorer ses prospectus de noms retentissants : Il serait donc assez difficile de trouver une raison d'être à cette première partie de l'art. 15, si l'on ne savait que sa rédaction est le résultat d'une sorte de transaction entre la commission du Corps législatif et le conseil d'Etat. Le projet de loi astreignait toutes les sociétés, sans exception, à constituer un conseil de surveillance nommé conformément à la loi nouvelle ; la commission demanda d'abord la suppression pure et simple de cette disposition, puis, sur le refus du conseil d'Etat, elle proposa de restreindre l'application aux sociétés non pourvues de conseils de surveillance. Le principe posé dans le projet put se croire ainsi sauvé ; dans la réalité pratique, il est annihilé.

Quoi qu'il en soit, et s'il se trouve, de par le monde industriel, une société dépourvue de conseil de surveillance, elle devra se conformer à l'art. 15, et se hâter d'en nommer un suivant le mode prescrit par l'art. 5.

188. Le conseil ainsi nommé devra-t-il être composé de au moins cinq actionnaires, suivant que le prescrit l'art. 5 ? Oui, malgré l'insuffisance des

termes de l'art. 15. Où la lettre manque, il faut consulter l'esprit.

189. Il sera désigné par l'assemblée générale, convoquée à cet effet, et cela dans les six mois de la promulgation de la loi. Aucune majorité spéciale n'est prescrite pour cette nomination; l'analogie qui serait invoquée pour exiger celle fixée par l'art. 4 serait fautive; la majorité du droit commun, c'est-à-dire celle des actionnaires présents et votant par tête (1) suffira donc.

190. Il sera aussi soumis à la réélection quinquennale, sauf le premier conseil qui ne sera nommé que pour une année.

191. Le maintien des conseils existants s'entend non pas seulement de ceux fonctionnant à l'époque de la loi, mais aussi de ceux à réélire en remplacement, en vertu des stipulations statutaires. En d'autres termes, la loi conserve, pour les sociétés existantes, l'organisation des conseils de surveillances telle qu'elles l'ont établie, quelque différence qui existe entre cette organisation et celle créée par l'art. 5. Elle n'impose la nomination de nouveaux conseils qu'à celles dont les statuts, par impossible, n'auraient rien prévu à cet égard.

192. La disposition qui étend les art. 8, 9 et 10 aux rares conseils à nommer en vertu de la loi nouvelle, et à ceux déjà existants ou plutôt organisés,

---

(1) *Suprà*, n° 87.

n'est pas au fond rétroactive, comme l'a remarqué l'honorable rapporteur de la commission; car ces trois articles ne contiennent aucune innovation sérieuse, si ce n'est l'obligation du rapport à faire annuellement à l'assemblée générale.

193. Cependant si, comme j'ai essayé de l'établir, la responsabilité des membres des conseils de surveillance est réellement diminuée par l'art. 10, les conseils en fonction, lors de la promulgation de la loi, pourraient-ils invoquer cet avantage? Évidemment non, pour des faits antérieurs à la promulgation de la loi. Mais pour des faits postérieurs? oui. En vain, les actionnaires diraient qu'ils les ont nommés sous l'empire de règles plus sévères, que l'acceptation de leurs fonctions les a irrévocablement engagés à l'observation de ces règles, qu'il s'est ainsi formé un contrat synallagmatique qu'aucune loi ne peut rompre. Le conseil de surveillance répondrait avec raison qu'il ne s'est obligé qu'à une chose : observer les règles légales; or, la loi change, les règles deviennent plus étroites ou plus faciles, il ne peut être en faute en s'y conformant.

194. L'art. 15 contient sa sanction spéciale. C'est le droit donné à chaque actionnaire de demander la dissolution de la société, à défaut de constitution du conseil de surveillance dans le délai de six mois, sauf concession d'un nouveau délai par les tribunaux, suivant les circonstances. Ce droit aurait pu résulter des principes généraux (1); la loi, pour éviter toute contestation, a voulu lui donner une consécration formelle.

---

(1) Art. 1871, Cod. Nap., et *suprà*, n° 108.

APPENDICE.

EXPOSÉ DES MOTIFS

DU PROJET DE LOI.

La société en commandite offre une des plus ingénieuses et des plus utiles applications du principe d'association :

Elle réunit, à la plupart des avantages de la société anonyme, presque tous ceux de la société en nom collectif;

Elle engage les capitaux des commanditaires, sans compromettre leur personne; en cela elle participe de la société anonyme; d'un autre côté, le pouvoir qui la dirige est centralisé comme dans la société en nom collectif; il a, par conséquent, la force et la liberté d'action si essentielles au succès des opérations industrielles et commerciales.

La division du capital social en actions au porteur a beaucoup contribué à rendre les sociétés en commandite populaires. Des titres qui peuvent être négociés sans frais, sans lenteurs, sans formalités, sans responsabilité, ont un attrait tout particulier, et par cela même un surcroît réel de valeur.

Ces différentes causes ont donné à l'établissement des sociétés en commandite par actions une impulsion dont il n'y aurait qu'à se féliciter, si elle avait toujours été accompagnée de prudence, de modération et de loyauté.

Malheureusement, les actionnaires se sont laissé séduire par les plus folles espérances, et sont tombés dans les plus extravagantes exagérations. La mauvaise foi a compris tout ce qu'elle pouvait tirer de cette disposition des esprits; elle a, par les assertions mensongères des prospectus, fait croire à des bénéfices impossibles ; elle a paru donner des garanties de crédit et de moralité en se plaçant sous le patronage nominal de personnes honorables; elle a, en exagérant la valeur de l'apport social, absorbé en grande partie, dans l'intérêt des fondateurs, les capitaux fournis par les commanditaires; elle a trouvé dans le mécanisme même de la commandite, dans la forme des actions, des moyens de réaliser des avantages illicites, entièrement indépendants du succès des opérations sociales.

En 1838, le mal avait fait de tels progrès que le Gouvernement sentit la nécessité de prendre des mesures énergiques. Une loi fut présentée, qui prohibait, d'une manière absolue, les sociétés en comandite par actions. Une commission, nommée dans le sein de la Chambre des députés, et composée d'hommes dont les lumières, l'expérience et le caractère, offraient les plus complètes garanties, se livra à une étude approfondie du projet. Après deux mois d'examen, elle déposa un rapport qui, en repoussant le système absolu du Gouvernement, présentait un ensemble de dispositions partant des mêmes principes et tendant au même but.

Le terme de la session était très-rapproché, la discussion ne put commencer ; l'attention fut, dans la session suivante, attirée vers d'autres objets, et le projet fut oublié. Il est vrai de dire que le public, éclairé par le scandale de certaines entreprises et par l'éclat de quelques débats judiciaires, se montra moins facile et moins crédule. Ce serait cependant une grave erreur de penser qu'il n'y eut plus de manœuvres coupables et de commandites organisées par la fraude; seulement, les spéculations dolosives devinrent moins hardies, et les actionnaires plus circonspects.

Lorsque, par l'effet des troubles civils et des agitations politiques, l'essor de l'industrie et la confiance des capitaux se trouvaient comprimés, comme personne ne songeait à former des sociétés sérieuses et honnêtes, personne ne pouvait espérer le succès de sociétés conçues dans des vues criminelles. Mais lorsque, l'ordre étant rétabli dans le pays et la sécurité rendue aux esprits, l'activité industrielle a pu reprendre son élan, lorsque le crédit public, s'appuyant sur les sympathies populaires, s'est montré sous des formes et avec une puissance jusqu'alors inconnues ; lorsqu'une paix glorieuse est venue inspirer partout la confiance qui fait naître et réussir les grandes entreprises ; lorsque, en un mot, la prospérité générale s'est manifestée par le nombre et l'importance des transactions, on a pu constater que les affaires équivoques, les spéculations frauduleuses, reprenaient aussi une funeste activité. Les annonces de sociétés en commandite par actions ont de nouveau paru, exposant les plus étranges projets, demandant des capitaux considérables, promettant des bénéfices immenses, employant tous les moyens de séduction déjà connus, et en imaginant d'autres au besoin.

Les leçons de l'expérience n'ont point suffi pour empêcher ces manœuvres de produire leurs déplorables effets ; et il n'y a que trop d'exemples de sociétés dont les actions, avilies presque le lendemain de leur émission, ont entraîné la ruine de ceux qui ont eu la folie de les accepter.

Le Gouvernement, ému à la vue de ces désordres, a résolu d'y mettre un terme et d'en prévenir le retour. Il ne saurait tolérer que des intérêts nombreux restent exposés sans protection aux entreprises de la fraude ; il désire surtout, répondant au vœu de la conscience publique, prévenir, par de sages précautions, et même atteindre par de justes châtiments, des faits qui échappent à l'application des lois existantes, mais qui blessent ouvertement les règles de la morale.

En prenant cette détermination, il y avait un écueil à éviter. Les dispositions ayant pour but de déjouer et de punir les combinaisons déloyales doivent réserver à l'industrie, au commerce, aux inventions utiles, la liberté qui leur est nécessaire. Le projet de loi concilie, dans une juste mesure, la répression qui doit atteindre les actes coupables, et l'indépendance qu'il faut laisser aux volontés privées dans la formation des contrats.

Les stipulations et les ruses dont on fait usage pour attirer l'argent dans les sociétés en commandite sont variées; mais, bien examinées, elles rentrent dans un cercle assez étroit et se réduisent à quelques procédés qui, différant par les détails, sont au fond et en réalité les mêmes. L'exagération de la valeur des apports en nature, la distribution des actions d'après cette appréciation; la forme au porteur, qui donne une si dangereuse facilité pour se défaire d'actions mal acquises, et sans qu'on puisse suivre leurs traces dans les mains qui se les transmettent; la valeur nominale, rendue à peu près illusoire par la faculté de faire des versements minimes au moment de l'émission; la composition des conseils de surveillance, dans lesquels on entre, soit par faiblesse, soit par calcul, souvent avec de mauvais desseins, presque toujours dans la pensée qu'aucune responsabilité n'est attachée aux fonctions qu'on accepte; enfin, les distributions de dividendes fictifs pris sur le capital social, tantôt à l'insu des conseils de surveillance, tantôt de connivence avec eux: telles sont les manœuvres le plus fréquemment employées pour tromper le public. C'est là ce qu'il faut défendre, empêcher ou punir.

En outre, depuis quelque temps, on a pu remarquer que dans beaucoup de statuts, le capital social est divisé en fractions d'une très-faible valeur. Il y a des actions de 50 fr., de 20 fr., de 5 fr. On comprend quelle classe de personnes on veut exploiter, et à quelle espèce de capitaux on fait appel lorsqu'on émet de pareilles valeurs. Les actions réduites à de si misérables proportions sont destinées à ceux qui, par leur condition sociale, sont le moins capables d'apprécier les chances auxquelles ils s'exposent; évidemment elles sont faites pour s'introduire dans les plus petites bourses, celles, précisément, pour lesquelles les pertes sont le plus cruelles ; elles sont préparées pour s'emparer des modestes économies, qui, au lieu de se hasarder dans les périls de la spéculation, doivent aller s'accumuler dans les Caisses d'épargne. C'est surtout pour la protection de ces intérêts que la loi doit se montrer vigilante et sérieuse.

On aurait pu, sans entreprendre la tâche toujours délicate d'opposer une prohibition et même une peine à chaque fait blâmable ou nuisible, proscrire les sociétés en commandite par actions, ou les soumettre à l'autorisation du Gouvernement. Mais supprimer l'usage pour empêcher l'abus est un procédé violent ; c'est une extrémité à laquelle il ne faut avoir recours que lorsqu'il est impossible d'employer des moyens plus modérés. La société en commandite par actions est entrée profondément dans les habitudes du monde industriel ; on ne doit pas méconnaître qu'elle lui a rendu de véritables services, en donnant le moyen d'exécuter ce qui, sans elle, aurait été impossible. Il a donc paru sage et utile de maintenir en principe la liberté de former des associations en commandite par actions, en prescrivant des règles, en imposant des restrictions telles, que la fraude et la mauvaise foi soient réduites à l'impuissance.

Ces règles et ces restrictions sont contenues dans les articles 1, 2, 3, 4, 8 et 9 du projet.

Ces articles fixent d'abord la somme au-dessous de laquelle ne pourront descendre les fractions du capital social, quelle que soit leur dénomination.

Ils préviennent ainsi des inconvénients et des dangers dont il fallait surtout se préoccuper, puisqu'ils menacent les intérêts si précieux des classes laborieuses.

Les mêmes articles subordonnent la constitution de la société au versement effectif d'une partie du capital social qui consiste en argent, et sans lequel il est presque toujours impossible de commencer de sérieuses opérations.

Ils exigent que ce versement soit constaté par acte notarié, afin de prévenir autant que possible les simulations.

Ils ne permettent pas que les actions soient au porteur avant leur entière libération. Ainsi chaque négociation d'actions non entièrement libérées, lorsque cette négociation sera licite, révélera le nom des négociateurs; on ne pourra plus trafiquer en secret de titres équivoques.

Chaque souscripteur originaire est déclaré responsable du paiement total du prix des actions qu'il a souscrites. Sans doute, cette responsabilité est la conséquence des principes généraux en matière d'obligations conventionnelles, mais elle a été contestée; il était utile de l'établir en termes formels; il était surtout nécessaire de la placer au-dessus des stipulations particulières, au moins dans une certaine mesure. L'article 3 contient une disposition qui permet de réduire la responsabilité, mais seulement jusqu'à concurrence de moitié du montant de chaque action.

Le même article veut que les actions ne soient négociables que lorsque le versement des deux cinquièmes aura été fait. Des dispositions analogues, fondées sur les mêmes motifs, sont écrites dans les lois du 15 juillet 1845 et du 10 juin 1855, relatives aux actions des chemins de fer. Ces lois n'ont jamais été entendues en ce sens, que les actions fussent frappées par elles d'une absolue indisponibilité. Il a été, au contraire, expliqué et reconnu qu'une cession régulière par acte, soit notarié, soit sous signatures privées, qu'une donation dans les formes légales, que tous les autres modes autorisés par le droit civil, pourraient être mis en usage pour la transmission des titres non négociables. La loi actuelle est conçue dans le même esprit; elle ne prohibe que la négociation.

L'article 4 prescrit l'établissement, dans toute société, d'un conseil de surveillance. Il détermine le nombre de ses membres, le mode et le moment de sa constitution, ainsi que les époques périodiques de réélection.

Il veut qu'il soit composé d'actionnaires. Des associés ne

peuvent raisonnablement confier la défense de leurs intérêts qu'à ceux avec lesquels ces intérêts sont communs.

Ainsi disparaîtront des conseils de surveillance ces membres parasites, dont plusieurs peuvent avoir l'honnête pensée d'accorder un patronage honorable à d'utiles entreprises, mais dont la plupart sont choisis afin que leurs noms servent en quelque sorte d'enseigne à la société, et qui acceptent le mandat de surveillance qui leur est conféré, sans avoir l'intention d'apporter à son accomplissement toute la diligence, toute l'exactitude que les actionnaires auraient le droit d'attendre d'eux.

Dans les articles 8 et 9 sont indiqués les droits et les devoirs les plus importants des conseils de surveillance.

La loi, en les retraçant, ne fonde rien de nouveau ; elle rappelle ce qui a été trop souvent oublié ou méconnu.

Il était principalement essentiel de dire que les conseils de surveillance doivent s'assurer de l'exactitude et de la fidélité des inventaires ; que c'est pour eux une obligation impérieuse de s'opposer aux distributions de dividendes fictifs, c'est-à-dire qui ne représentent point de bénéfices réels.

Presque tous les autres articles du projet ne sont que la sanction de ceux qui viennent d'être analysés.

L'article 5 déclare nulle, à l'égard des intéressés, toute société qui a été constituée contrairement aux dispositions des articles précédents.

C'était le moyen le plus naturel d'assurer l'observation des règles établies.

Le mot *intéressés*, emprunté à l'article 42 du Code de commerce, est pris dans l'acception que lui a déjà donnée la jurisprudence.

Une autre espèce de sanction, non moins efficace, se trouve dans l'article 6.

Cet article fait peser sur les membres du conseil de surveillance la responsabilité des infractions qui auront entraîné la nullité de la société.

Il n'y a rien en cela que d'éminemment juste. Avant d'accepter les fonctions qui lui sont offertes, chacun des membres du conseil peut facilement vérifier si le taux des actions est conforme à l'art. 1er; si la réalisation du quart du numéraire, promis comme apport à la société, a été constaté par un acte notarié; si les actions sont en la forme prescrite par l'article 2; si aucune des clauses des statuts ne s'écarte des règles tracées dans les articles 3 et 4, 7 et 8. Cette vérification mettra à couvert la responsabilité des associés qui se seront chargés des fonctions du conseil de surveillance. Ils ne pourront donc être compromis que par une négligence bien extraordinaire, ou par la volonté de s'engager dans une association contraire à la loi.

La règle est la même pour les fondateurs.

Toutefois, il ne suffira point d'avoir concouru à la formation d'une société pour être déclaré responsable. Celui-là seul, entre les fondateurs, sera exposé à l'action des intéressés, qui aura stipulé à son profit quelque avantage particulier, ou qui aura fait un apport en nature; ce qui est trop souvent un procédé pour se procurer des bénéfices auxquels ne participent point les autres associés.

L'article 7 est l'un des plus importants du projet.

Il a pour but la répression d'un moyen de fraude très-commun, très-dangereux, très-difficile à saisir : l'exagération de la valeur de l'apport social.

Il n'est personne qui ne sache avec quelle audace et quel succès ont été pratiquées les manœuvres de ce genre.

Désormais elles seront à peu près impossibles.

L'associé qui aura fait un apport, dont la valeur réelle aura été exagérée de plus de moitié, sera tenu envers tout intéressé de réparer le dommage que lui aura causé cette exagération.

Il est vrai qu'en général la lésion, quelque considérable qu'elle soit, n'autorise point les majeurs à demander, soit la rescision du contrat, soit la réparation du dommage qu'ils éprouvent. Mais il y a des exceptions à cette règle; il y en a pour les ventes d'immeubles; il y en a pour les partages entre co-héritiers, et, par conséquent, pour les partages entre associés.

Sans doute cette faculté de se soustraire aux effets de son consentement doit être rarement accordée; mais elle peut l'être surtout lorsqu'il s'agit des conventions qui sont plus spécialement soumises au principe de l'égalité, ou lorsque l'un des contractants était exposé plus que tout autre à être induit en erreur.

L'une et l'autre raison justifient le recours que donne le projet aux membres des sociétés en commandite par actions, trompés sur la véritable valeur de l'apport. « L'égalité, disait le Tribunat, dans ses observations sur l'article 1872 du Code civil, « l'égalité, qui est l'âme de tout partage, appartient plus particulièrement encore à celui d'une société, *dont elle constitue la nature et l'élément.* » Qui, d'ailleurs, ignore avec quelle facilité et quelle imprudence se laisse entraîner la foule des actionnaires? Est-ce qu'il y a de leur part examen de la valeur des apports en nature? Est-ce qu'il y a, à cet égard, ce consentement libre, éclairé, réfléchi, qui rend les conventions immuables? L'expérience n'a que trop prouvé le contraire.

L'évaluation de certains objets qui sont fréquemment compris dans les apports sociaux pourra présenter quelquefois des difficultés. Les mines, les inventions, les usines, les clientèles, ont une valeur incertaine en elle-même, variable selon les événements, et sur laquelle se trompent ou se divisent les hommes les plus expérimentés; cela est incontestable.

Mais, d'abord, l'appréciation se fera toujours, eu égard à l'état des choses au moment où l'apport sera entré dans la société; le bon sens l'indique et le texte le déclare. Les magistrats sauront bien qu'ils doivent tenir compte des changements survenus et faire la part des circonstances. En second lieu, il ne s'agira pas de rechercher une exagération peu considérable : elle devra être de plus de moitié. Dans de telles proportions, l'appréciation est bien moins difficile. Enfin, dans les partages, on est obligé et on parvient à estimer les mêmes objets avec exactitude, puisque la lésion de plus du quart donnerait naissance à l'action en rescision. Pourquoi ne serait-on pas aussi heureux ou aussi habile dans les actes de société ? Tous les jours, enfin, le jury d'expropriation règle les indemnités dues pour des fonds de commerce, des achalandages, des établissements industriels ; l'application de la loi ne rencontrera donc point d'obstacles insurmontables. Dans le doute, au surplus, les évaluations faites par les actes de société seront maintenues par les tribunaux.

Le gérant, qui aura accepté un apport exagéré, pourra être déclaré solidairement responsable des condamnations prononcées contre celui qui aura fait l'apport. Sans son concours le dommage n'aurait pas eu lieu ; il doit contribuer à le réparer. Enfin, s'il y a eu dol, ou si des manœuvres constituant un délit ont été employées pour dissimuler l'exagération et tromper la société, l'action en rescision pourra être intentée, et le Code pénal sera appliqué s'il y a lieu.

Après avoir, dans les articles 8 et 9, indiqué les devoirs des conseils de surveillance, il fallait prévoir le cas où ces devoirs ne seraient pas remplis. Il eût été trop rigoureux d'imposer une inflexible responsabilité, même pour les plus légères infractions ; c'est pour les plus considérables seulement que la loi réserve sa sévérité. L'article 10 déclare les membres des conseils de surveillance responsables lorsque, sciemment, ils auront laissé commettre des inexactitudes graves dans les inventaires, ou lorsque, en connaissance de cause, ils auront consenti à la distribution de dividendes fictifs. Savoir qu'il y a de graves inexactitudes dans les inventaires et les laisser subsister ; consentir à des distributions de dividendes, quand on sait qu'ils ne sont point pris sur des bénéfices réels; c'est au moins une faute lourde, qui engage nécessairement la responsabilité de celui qui la commet.

Pour que le but poursuivi par le projet dans les articles 1, 2, 3 et 4, fût sûrement atteint, une sanction efficace était indispensable : il fallait punir de peines sévères tous ceux qui, dans une intention coupable, violeraient ces prescriptions de la loi, notamment ceux qui émettraient les actions d'une société dont les statuts seraient en opposition avec les articles 1 et 2; ceux qui négocieraient des actions, dont la valeur ou la forme s'écarterait des règles prescrites par les mêmes articles, ou pour lesquelles le versement exigé par l'article 3 n'aurait pas été effectué; ceux, enfin, qui publieraient d'une manière quelconque la valeur des mêmes actions. On ne pouvait également laisser impuni le gérant qui, au mépris de l'article 4, commencerait les opérations sociales avant d'avoir donné aux actionnaires la garantie d'un conseil de surveillance légalement constitué.

Dans tous ces cas, soit qu'on examine les intentions, soit qu'on s'attache aux conséquences des faits, soit qu'on apprécie l'intérêt qu'on peut avoir à commettre les infractions, on reconnaît la nécessité d'une pénalité élevée.

En conséquence, aux termes des articles 11, 12 et 13, l'émission, la négociation des actions dont nous venons de parler, la publication de leur valeur, les opérations sociales prématurément commencées, sont punies correctionnellement; elles constituent des délits de même nature, entre lesquels, cependant, il a été juste d'établir des nuances, selon le degré de culpabilité des agents et l'imminence du mal qu'il s'agissait de prévenir.

L'émission, la négociation et la publication seront souvent le fait commun de plusieurs personnes; les principes généraux sur la complicité détermineront celles qui seront punissables.

Une disposition spéciale est consacrée aux agents de change. Si leur caractère d'officiers ministériels semblait appeler sur eux une pénalité plus rigoureuse, il ne fallait pas oublier que l'avantage résultant pour eux du délit sera toujours minime, et qu'ils resteront exposés aux poursuites disciplinaires, dont les conséquences peuvent être si terribles. Ces considérations ont fait réduire, dans l'article 13, les peines édictées par les articles 11 et 12.

Après les explications qui ont été précédemment données sur ce qu'on doit entendre, dans l'article 3, par l'expression actions *non négociables*, il n'est pas possible que l'on confonde la négociation coupable avec la transmission licite, opérée par les voies qu'autorisent les lois civiles.

Ce qui est défendu et puni, c'est la négociation à la Bourse ou ailleurs, avec ou sans l'intermédiaire d'agents de change, tantôt au moyen de procurations en blanc, tantôt par d'autres procédés, par tradition manuelle, par endossement, par transfert signé sur les registres de la société, en un mot, par les voies commerciales. Déjà la jurisprudence, interprétant la loi du 15 juillet 1845, a fait cette distinction ; les tribunaux n'auront qu'à la suivre, si l'exécution de la loi actuelle donne naissance aux mêmes difficultés.

Il serait désirable que toutes les prescriptions du projet pussent régir les sociétés actuellement existantes. Le principe de la non-rétroactivité des lois ne le permet pas ; mais il n'est point un obstacle à l'application immédiate des dispositions qui se bornent à établir des règles d'administration, à organiser des moyens de surveillance qui ne modifient point les rapports des associés entre eux, et qui, par conséquent, ne touchent point aux droits acquis.

Se fondant sur cette distinction, l'article 15 prescrit, dans un délai qu'il détermine, la formation dans toutes les sociétés d'un conseil de surveillance, composé comme l'ordonne l'article 4, et ayant les fonctions qu'énumèrent les articles 8 et 9.

L'article 15 dit, en outre, par renvoi à l'article 10, que si, dans l'avenir, les membres d'un conseil nouvellement constitué laissent sciemment commettre des inexactitudes graves dans les inventaires, ou consentent, en connaissance de cause, à des distributions de dividendes fictifs, ils seront responsables. Aucune accusation de rétroactivité ne peut être adressée à cette disposition de la loi. Sans doute, elle s'adresse à des sociétés formées avant sa promulgation; mais, d'une part, elle ne règle que les conséquences de faits qui s'accompliront sous son empire, et, d'un autre côté, elle est bien moins une règle nouvelle que la déclaration d'une règle déduite des principes de la législation existante.

Toutes les fois que, dans le sein des sociétés où l'on compte beaucoup d'associés, se sont élevées des contestations, le nombre des parties, la difficulté de les connaître, l'éloignement des domiciles, ont entraîné des frais, des lenteurs, des embarras considérables. En permettant à tous les actionnaires de se faire représenter par des commissaires nommés en assemblée générale, en accordant aussi à des groupes d'actionnaires la faculté de choisir entre eux des commissaires spéciaux, selon que tous les associés, ou seulement quelques-uns d'entre eux, seront engagés dans des contestations soutenues dans un intérêt collectif, le projet simplifie les procédures et diminue, par conséquent, les dépenses dans une grande proportion. En même temps, et par une précaution qu'il eût été imprudent d'omettre, il réserve à chacun le droit d'intervention. Celui qui manquera de confiance dans les mandataires choisis par ses cointéressés pourra se défendre lui-même, mais à la condition de supporter seul tous les frais que sa présence aura causés, quelle que soit la décision qui intervienne sur un procès auquel il pouvait rester étranger.

Nous sommes convaincus, et nous espérons que le Corps législatif sera convaincu comme nous, que l'ensemble des dispositions que nous venons lui soumettre atteindra complétement le but que s'est proposé le Gouvernement, qu'il déjouera les fraudes, préviendra les abus, sans nuire à la formation et au développement des sociétés loyales.

Si les gens honnêtes, craignant d'assumer la responsabilité imposée aux gérants, aux fondateurs, aux membres des conseils de surveillance, effrayés par des pénalités qui ne peuvent atteindre que des actes coupables, devaient désormais refuser leur concours à la constitution et à l'administration des sociétés en commandite par actions, cela serait sans doute profondément regrettable. Mais les esprits les plus timorés ne sauraient, en y réfléchissant, s'abandonner à de pareilles inquiétudes. Gérants et fondateurs n'auront rien à redouter lorsque les dispositions, si simples et si précises, relatives au taux des actions, à leur forme, à leur négociation, à la constitution de la société, à l'établissement du conseil de surveillance et à l'exagération de l'apport, auront été observées.

La vérification de ces différents points n'exigera ni connaissances spéciales ni profonde investigation : un coup d'œil jeté sur les statuts suffira pour voir si les règles prescrites ont été fidèlement suivies.

Pour les membres des conseils de surveillance, l'examen sera encore plus facile, puisque leur responsabilité est moins étendue.

Ils devront, il est vrai, prendre au sérieux leurs attributions, surtout empêcher les distributions de dividendes factices. Mais ce n'est pas réellement le projet qui crée pour eux cette obligation; elle est fondée sur des principes aussi anciens que les sociétés : elle naît de la nature même des choses. Qui dit *conseil de surveillance* indique assez les devoirs de ceux qui le composent.

Si ces devoirs, mal compris, ont souvent été négligés, non-seulement on ne peut se plaindre de la loi qui les rappelle, qui les précise, qui en montre les conséquences; chacun doit, au contraire, accueillir avec un sentiment de reconnaissance ses salutaires avertissements.

Nous avons l'honneur, messieurs, de vous proposer l'adoption du projet de loi suivant.

Signé à la minute :

VUILLEFROY, *Président de section ;*
DUVERGIER, *Conseiller d'État, Rapporteur.*

PROJET DE LOI

SUR LES SOCIÉTÉS EN COMMANDITE PAR ACTIONS.

ART. 1er. Les sociétés en commandite ne peuvent diviser leur capital en actions ou coupons d'actions inférieurs à cent francs, lorsque ce capital n'excède pas deux cent mille francs, et à cinq cents francs, lorsqu'il est supérieur.

Elles ne peuvent être définitivement constituées qu'après la réalisation, entre les mains des gérants, du quart au moins de la partie du capital social qui consiste en numéraire.

Cette réalisation doit être constatée par acte notarié.

ART. 2. Les actions des sociétés en commandite sont nominatives jusqu'à leur entière libération.

ART. 3. Les souscripteurs d'actions dans les sociétés en commandite sont responsables du paiement du montant total des actions par eux souscrites. Il ne peut être dérogé à cette prescription que jusqu'à concurrence de moitié de chaque action.

Les actions ou coupons d'actions ne sont négociables qu'après le versement des deux cinquièmes.

Art. 4. Un conseil de surveillance, composé de cinq actionnaires, au moins, est établi dans chaque société en commandite par actions.

Ce conseil est nommé par l'assemblée générale des actionnaires, immédiatement après la constitution définitive de la société, et avant toute opération sociale.

Il est soumis à la réélection tous les cinq ans au moins.

Art. 5. Est nulle et de nul effet, à l'égard des intéressés, toute société en commandite par actions constituée contrairement à l'une des prescriptions énoncées dans les articles qui précèdent.

Cette nullité ne peut être opposée aux tiers par les associés.

Art. 6. Lorsque la société est annulée aux termes de l'article précédent, les membres du conseil de surveillance peuvent être déclarés responsables, solidairement et par corps avec les gérants, de toutes les opérations faites postérieurement à leur nomination.

La même responsabilité solidaire peut être prononcée contre ceux des fondateurs de la société qui ont fait un apport en nature, ou au profit desquels ont été stipulés des avantages particuliers.

Art. 7. Lorsqu'un associé a fait, dans une société en commandite par actions, un apport dont la valeur réelle était inférieure de plus de moitié à la valeur pour laquelle il a été mis dans la société, tout intéressé peut demander, contre celui qui a fait l'apport, la réparation du dommage à lui causé par l'exagération de cet apport, sans préjudice de toute autre action pour fait de dol.

Le gérant, qui a accepté l'apport, peut être déclaré solidairement responsable du montant des condamnations prononcées.

La demande n'est plus recevable après l'expiration de deux années à compter de la publication de la société.

ART. 8. Les membres du conseil de surveillance ont le droit de vérifier les livres, la caisse, le portefeuille et les valeurs de la société.

Ils surveillent les inventaires, et s'opposent à ce qu'il soit distribué des dividendes fictifs.

ART. 9. Le conseil de surveillance peut convoquer l'assemblée générale. Il peut aussi provoquer la dissolution de la société.

ART. 10. Les membres du conseil de surveillance sont responsables, solidairement et par corps, avec les gérants :

1° Lorsque, sciemment, ils ont laissé commettre, dans les inventaires, des inexactitudes graves, préjudiciables à la société ou aux tiers;

2° Lorsqu'ils ont, en connaissance de cause, consenti à la distribution de dividendes non justifiés par inventaires sincères et réguliers.

ART. 11. L'émission d'actions ou de coupons d'actions d'une société, constituée contrairement aux articles 1 et 2 de la présente loi, est punie d'un emprisonnement de huit jours à six mois et d'une amende de cinq cents francs à dix mille francs, ou de l'une de ces peines seulement.

Est puni des mêmes peines le gérant qui commence les opérations sociales avant l'entrée en fonctions du conseil de surveillance.

ART. 12. La négociation d'actions ou de coupons d'actions dont la valeur ou la forme serait contraire aux dispositions des articles 1 et 2 de la présente loi, ou pour lesquels le versement des deux cinquièmes n'aurait pas été effectué conformément à l'article 3, est punie d'une amende de cinq cents francs à dix mille francs.

Toute publication quelconque de la valeur de ces actions est punie des mêmes peines.

Art. 13. Tout agent de change, qui prête son ministère à l'un des faits prévus par les deux articles précédents, est puni des peines prononcées par l'article 13 de la loi du 15 juillet 1845.

Art. 14. Lorsque les actionnaires d'une société en commandite par actions ont à soutenir collectivement et dans un intérêt commun, comme demandeurs ou comme défendeurs, un procès contre les gérants ou contre les membres du conseil de surveillance, ils sont représentés par des commissaires nommés en assemblée générale.

Lorsque quelques actionnaires seulement sont engagés comme demandeurs ou comme défendeurs dans la contestation, les commissaires sont nommés dans une assemblée spéciale composée des actionnaires parties au procès.

Dans le cas où un obstacle quelconque empêcherait la nomination des commissaires par l'assemblée générale ou par l'assemblée spéciale, il y sera pourvu par le tribunal de commerce, sur la requête de la partie la plus diligente.

Nonobstant la nomination des commissaires, chaque actionnaire a le droit d'intervenir personnellement dans l'instance, à la charge de supporter les frais de son intervention.

Art. 15. Les sociétés en commandite par actions actuellement existantes sont tenues, dans le délai de six mois, à partir de la promulgation de la présente loi, de constituer un conseil de surveillance.

Ce conseil est nommé conformément aux dispositions de l'article 4.

Il exerce les droits et remplit les obligations déterminés par les articles 8 et 9; il est soumis à la responsabilité prévue par l'article 10.

A défaut de constitution d'un conseil de surveillance dans le délai ci-dessus fixé, chaque actionnaire a le droit de faire prononcer la dissolution de la société.

L'article 14 est également applicable aux sociétés actuellement existantes.

Ce projet de loi a été délibéré et adopté par le conseil d'État, dans ses séances des 23 et 24 mai 1856.

RAPPORT

FAIT

AU NOM DE LA COMMISSION (*) CHARGÉE D'EXAMINER LE PROJET DE LOI RELATIF AUX SOCIÉTÉS EN COMMANDITE PAR ACTIONS.

Par M. J. LANGLAIS (Sarthe),
Député au Corps législatif.

La commission, que vous avez chargée d'examiner le projet de loi relatif aux sociétés en commandite par actions, a cru répondre au vœu du Corps législatif en s'occupant sans relâche de la mission qui lui était confiée. Elle considère que, pour ces sortes de questions, il n'est pas bon que les intérêts demeurent incertains. C'est pour cette raison qu'elle a consacré, chaque jour, de longues séances à ses délibérations; et elle espère que le Corps législatif ne se séparera pas avant d'avoir voté cette loi importante.

Quel est l'esprit de cette loi nouvelle, quel en est le but? C'est ce qu'il importe de préciser. La loi qui régit, en

---

(*) Cette commission est composée de MM. Schneider, *président;* Busson, *secrétaire;* le vicomte de Kervéguen, Bertrand (Yonne), Langlais, Richer, Vernier.

Les conseillers d'État, commissaires du Gouvernement, chargés de soutenir la discussion du projet de loi, sont : MM. Vuillefroy, président de section, et Duvergier.

France, le contrat de société, est envisagée à des points de vue bien opposés. Cette loi paraît aux uns bonne, assez large pour les conceptions sages, suffisamment protectrice de tous les intérêts. On l'accuse, d'un autre côté, d'être imprévoyante, étroite ou arriérée. La puissance qui naît de l'association des capitaux et de l'industrie; ses applications aux grandes entreprises du crédit et du travail; les changements qu'elle amène dans les fortunes, ses succès, trop souvent suivis de revers, tout ce mouvement semble comme une nouveauté dans la société; on dirait que la loi a été prise au dépourvu, et on ne demande pas moins qu'une réforme radicale.

C'est surtout dans les temps de crise que se produisent ces opinions absolues. Nous avons été témoins, une première fois, de ce spectacle, sous la dernière monarchie. L'industrie, longtemps languissante, s'était ranimée; l'esprit de spéculation s'empara de la société; il enflamma les imaginations, et ce fut bientôt comme une sorte de fièvre universelle. La cupidité rend crédule et téméraire; on enviait ces fortunes rapides dont la conquête ne coûte ni travail ni peine, et l'on se jeta à l'envi dans les folles entreprises. La leçon arriva vite; et, de tant d'affaires, annoncées avec fracas et souvent tombées avec scandale, il ne restait que le regret de s'être montrés dupes, aveugles, et d'avoir servi d'instrument à des fortunes mal acquises.

La confiance des victimes n'est, certes, ni une excuse, ni une absolution pour les coupables : mais, au lieu de faire la part aux erreurs des hommes, on s'en prit un peu trop à la loi de tous ces mécomptes, et c'est à la loi surtout qu'on fit le procès. Le Gouvernement entra dans cette voie, et une forme de société, qui est enracinée dans les mœurs commerciales, se trouva proscrite. Le projet de loi de 1838 proposait de supprimer la société en commandite par actions.

L'industrie a besoin d'ordre, de sécurité, de paix; et depuis que la France jouit de ces biens, nous assistons au réveil de son activité, de son génie et de sa puissance. Les affaires équivoques, les mauvaises spéculations, se sont montrées aussi; et, à vingt ans de distance, ont reparu le même langage, les mêmes promesses, les mêmes moyens de séduction. Le temps n'a pas beaucoup marché, et déjà il n'y a que trop d'exemples de sociétés dont les actions avilies ont amené des pertes regrettables. On s'est remis alors à douter de la loi; on voudrait que l'Etat prît en quelque sorte la tutelle directe des capitaux; qu'il substituât sa modération et sa prévoyance à cet élan libre, souvent impétueux, de l'esprit individuel, qui égare quelquefois, mais qui est aussi une force vive de notre nation.

Le premier éloge que mérite la loi, c'est d'avoir repoussé pour l'Etat cette tutelle dangereuse, et de maintenir dans sa base le contrat de société tel que l'a fait le travail du temps. On oublie trop, en effet, que le législateur moderne, en cette matière, a plutôt classé qu'il n'a innové. Il y a des siècles que les principes du contrat de société ont été posés, d'abord chez ce peuple romain qui n'a pas seulement agité le monde par ses armes, mais qui l'a remué par l'activité et la grandeur de son commerce; puis, dans ce moyen âge qui créa tout par l'association; dans cette Italie, alors si industrieuse et si riche, avec ses spéculateurs, portant les plus grands noms de Florence ou de Gênes, tour à tour marchands et hommes d'Etat, couvrant les mers de vaisseaux, l'Europe de comptoirs; mêlés à toutes les affaires, prêtant aux souverains, et tenant dans leurs mains tout le crédit de l'Occident; puis encore dans cette France du seizième et du dix-septième siècle, où, à la voix de Sully, de Richelieu, de Colbert et de Louis XIV, des associations entreprenaient de vastes travaux de desséchement, ou bien s'en allaient, au delà des mers, coloniser des terres immenses.

C'étaient des sociétés qui, à Rome, exploitaient la banque, les fournitures des armées, qui avaient la ferme des impôts, qui se livraient aux plus grandes entreprises de terre et de mer. La *commande*, ou commandite, remplit le moyen âge; elle a été un des grands instruments qui ont donné l'élan aux capitaux. La division du capital social en actions est un fait constaté avant la fin du seizième siècle. Ces sociétés par actions étaient innombrables en France avant la Révolution : l'exploitation des mines, des canaux, des fabriques et des manufactures, les plus grandes entreprises, comme celles d'une moindre importance, se constituaient sous cette forme. On s'effrayait déjà de leurs abus, et on n'a rien écrit de plus saisissant sur l'agiotage que le traité de d'Aguesseau sur le commerce des actions.

La Révolution arrêta ce mouvement industriel; mais, quand la France put respirer, sous le Consulat, les mêmes besoins ramenèrent bientôt les mêmes combinaisons, et de grandes sociétés vivaient organisées, dans des conditions très-diverses, lors de la discussion des Codes. Depuis deux siècle, le droit commercial français avait reçu de la main de Louis XIV l'ordonnance de 1673, un des plus beaux monuments de son génie.

Rien ne manquait donc pour l'enseignement du législateur; ni le spectacle de l'industrie honnête et laborieuse, ni le souvenir des ruses, de la fraude, et des surprises de l'agiotage, ni l'éclat des catastrophes qui suivent les entreprises aventureuses. On avait vu tomber, et cette grande compagnie de Saint-Christophe, dont les propriétés étaient des royaumes, et cette compagnie des Indes orientales, qui avait pour commanditaires Louis XIV et Colbert. La banque de Law avait été le prétexte d'un jeu effréné. Les actions avaient monté jusqu'à quarante fois au delà de leur valeur d'émission; les fortunes s'élevaient et se détruisaient en un jour. Cette frénésie passa de France en Angleterre et en Hollande; la banqueroute, la fraude, des entreprises imaginaires, y bouleversèrent le patrimoine des familles.

Le législateur du Code de commerce ne marchait donc pas

dans une carrière inconnue ; depuis des siècles, l'institution fonctionnait ; elle avait eu ses heures de crise et ses temps de grandeur et de prospérité ; l'expérience était longue, complète ; et on put faire, avec le concours des tribunaux et du commerce, une loi qui ne s'offre à nous que comme la formule de tout ce que le passé présentait de faits considérables en industrie et en économie. C'est ainsi que la société collective, la société anonyme, la société en commandite, connues sous d'autres noms, mais pratiquées depuis des siècles, vinrent prendre place dans la législation.

Ces formes diverses d'association correspondent, en effet, à des situations diverses aussi et observées longtemps. Il y a une nature d'affaires qui exigent, avec une communauté d'efforts, avec une responsabilité commune, une confiance réciproque, les mêmes vues et une sympathie d'idées et de caractère. C'est pour cette classe de personnes, et pour cette catégorie d'intérêts que la loi a créé la société en nom collectif.

D'autres affaires demandent beaucoup de capitaux et de longues années. Les grands travaux d'utilité publique sont de ce nombre. On rencontrerait difficilement, pour ces vastes entreprises, un homme assez riche pour offrir une responsabilité sérieuse, et assez téméraire pour en prendre le fardeau. La concurrence n'est pas pressante, le but est lointain ; l'unité, la promptitude dans l'action, ont moins d'utilité. C'est pour cette nature d'affaires que la loi a créé la société anonyme, simple association de capitaux, dans laquelle toute individualité, toute responsabilité, disparaissent.

On comprend, pour cette espèce de société, l'intervention préalable de l'Etat. L'esprit d'indépendance en a quelquefois murmuré ; mais ses plaintes sont vaines et irréfléchies. Lorsqu'une société cache aux yeux du public toute sa personnalité, lorsque les créanciers n'ont pour gage qu'un actif impossible à vérifier, la fraude est à craindre ; une mauvaise combinaison, une mauvaise gestion, peuvent compromettre la fortune des actionnaires, altérer le crédit, et, dès lors, un haut intérêt d'ordre public demande que le contrôle de l'autorité supplée à l'absence de cette responsabilité, dont la société anonyme est seule dispensée.

Le commerce offre des affaires où l'association du capital et de l'industrie est indispensable ; des entreprises qui exigent des capitaux qu'on trouverait difficilement dans quelques mains. C'est une fabrique à faire valoir, une manufacture à créer, une invention à exploiter. La concurrence est vive ; on a besoin d'unité dans la direction, de spontanéité dans l'action, d'à-propos dans les expédients, de liberté toujours. C'est à cette situation que correspond la société en commandite.

La responsabilité se déplace dans ce genre de société. La solidarité ne pèse plus sur tous les associés, comme dans la société collective. Les créanciers de la société n'ont une action personnelle, indéfinie et solidaire que contre les associés gérants. Les autres associés, les commanditaires, ne sont engagés que jusqu'à concurrence de leurs mises.

Cette organisation est simple, et la commandite n'a pris une si grande place dans le mouvement matériel que parce que les avantages en sont incontestables et frappants. Le capitaliste qui entre dans cette société rêve trop souvent de gros dividendes ; mais il sait d'avance à quoi sa perte est limitée. Voilà le premier avantage, la sécurité.

La division du capital en actions est un autre attrait non moins séduisant. On aime ces valeurs mobiles, qui passent rapidemennt de main en main, et presque sans frais. La commandite, enfin, a comme un gouvernement organisé pour toute la durée de ses opérations. Tandis que l'administration d'une société anonyme, élective et mobile, dépendante de majorités plus ou moins éclairées, s'embarrasse dans des formes qui nuisent à la rapidité des résolutions, celle d'une commandite fonctionne avec unité, promptitude et liberté. L'existence des gérants est liée à son sort ; ils prospèrent avec elle, ou se ruinent avec elle. Voilà quelle est la commandite quand elle a le bonheur d'avoir des gérants habiles et honnêtes; mais elle devient la pire des combinaisons lorsqu'elle tombe entre les mains des incapables et des prodigues; et sa ruine arrive bientôt par l'effet de cette puissance même, qui ne trouve plus ni frein ni contrepoids suffisants.

Telle est la sphère dans laquelle peut se mouvoir, en France, l'esprit d'association. Le commerce est entré dans cette carrière, et il y marche avec fermeté. La société collective est devenue florissante entre les mains de nos négociants, de nos armateurs, de ces industriels sages et résolus qui travaillent sans bruit et dédaignent l'agiotage.

La puissance des sociétés anonymes est visible, plus que jamais ; et c'est une des grandeurs de notre pays et de notre temps que leur épanouissement merveilleux. Chemins de fer, canaux, crédit public, elles alimentent tout, elles fécondent tout ; ce n'est pas seulement la fortune de la France, c'est celle de l'Europe qui vient s'engager dans ces vastes entreprises, et sur quel gage? sur la confiance dans l'Etat, qui veille sur ces grands intérêts, si intimement liés à la prospérité publique.

La société en commandite s'est developpée dans des proportions bien plus considérables encore. Les abus qui en ont été faits, dans des moments de vertige, ne doivent pas rendre injuste pour une combinaison dont le principe est ingénieux et fécond. Oui, des entreprises ont été conçues sans réflexion et sans maturité ; quelques-unes n'ont été imaginées que comme un moyen de battre monnaie au profit de hardis spéculateurs ; d'autres ont été mal exploitées, ont gaspillé des ressources précieuses. Cependant les commandites par actions ont servi de base à de grandes, à de solides entreprises financières ; elles ont concouru, d'une manière honorable, et pour une large part, au progrès du travail et de l'industrie.

Le projet de loi soumis à vos délibérations s'est abstenu avec sagesse de porter aucune atteinte à cette grande classification du contrat de société, qui n'a pris place dans la loi que parce qu'elle était entrée profondément dans les habitudes et les mœurs commerciales de la nation. Son unique objet, c'est la société en commandite par actions.

Quel est le caractère saillant de cette loi nouvelle ? Nous osons dire que c'est un grand respect pour la liberté de l'industrie. Le Gouvernement part de ce point, — et votre commission s'associe complétement à cette haute pensée, — que, même au prix des abus dont n'est exempte aucune institution humaine, la vie de l'association, c'est la liberté. L'industrie est jalouse de son indépendance ; elle ne subit qu'avec défiance le contrôle de l'autorité, elle en redoute les lenteurs, elle y craint trop d'arbitraire mêlé à trop de puissance. On peut croire enfin que cette tutelle, nécessairement bornée, ne dédommagerait ni les associés, de cette vigilance, de cette initiative, de cette ardeur qu'inspire l'intérêt personnel, ni les tiers, de cette prudence que commande aux gérants le sentiment de la responsabilité, qui les atteint dans leur fortune, leur liberté et leur honneur.

Tout homme qui crée une entreprise doit donc pouvoir choisir la forme d'association qui convient à son industrie. La loi n'intervient pas dans les contrats particuliers ; c'est au fondateur à fixer son capital, à déterminer la durée de la société, à créer les actions, à organiser les assemblées des associés, à appeler les capitaux, à régler leur destination et leur emploi, à faire, en un mot, ces stipulations si variées qui constituent la charte de chaque société. Là est l'empire de la liberté.

Cependant l'abus est bien voisin de la liberté, et l'esprit d'agiotage touche de près à l'esprit de spéculation. Or, ce qui est redoutable, c'est cet esprit de jeu qui, à certaines époques, tend à prévaloir dans la société, car tout ce qui introduit le hasard parmi les hommes les corrompt. On entend du bruit, on voit de l'activité; mais c'est une activité vicieuse; elle rend la nation inquiète, cupide, téméraire, d'économe et de laborieuse qu'elle était auparavant.

L'élan qui porte les capitaux vers l'association mérite, à cet égard, toute la sollicitude de l'Etat; c'est, en effet, une force considérable que toutes ces sociétés qui empruntent à la presse sa rapidité et son influence; qui sont répandues dans tout le pays, qui y vivent affranchies de contrôle, et qui peuvent jeter une masse énorme de titres au porteur sur le marché. On peut mesurer cette puissance par le nombre de ces sociétés et par leurs capitaux.

L'exposé des motifs du projet de loi de 1838 portait à un milliard environ l'évaluation du capital des sociétés fondées pendant les douze années précédentes, soit sous la forme anonyme, soit sous la forme de commandite. Ce chiffre est aujourd'hui dépassé dans des proportions considérables. L'état officiel des sociétés anonymes en porte le nombre au chiffre de 351, parmi lesquelles 252 ont un capital divisé en actions. Leur valeur totale s'élève à 1,929,000,000, à près de 2 milliards.

Nous n'avons pas le chiffre des sociétés en commandite; mais un seul journal, le *Journal général d'Affiches*, en a publié 457 à Paris, dans l'espace de temps compris entre le 1er juillet 1854 et le 30 juin 1855. Leur capital nominal s'élevait presque à 1 milliard; dans ce nombre, 225 avaient divisé leur capital en actions, et ce capital était de 968,000,000. Ainsi, une seule année voit naître, à Paris, plus de sociétés en commandite qu'il n'y a de sociétés anonymes de toute date et pour toute la France; et ce capital d'une seule année atteint la moitié de celui de toutes les sociétés anonymes existantes!

Lorsque ces associations sont sérieuses, honnêtement conçues, loyalement conduites, l'Etat n'a point à s'en inquiéter; l'animation qu'elles excitent, c'est la vie, c'est la lutte légitime et féconde des intérêts. Autrement, ce peut être le danger public : et là commence le devoir de la prévoyance de l'Etat.

Citons un exemple trop fréquent : Voilà une société qui s'établit avec un capital important ; le fondateur en a dressé l'acte, soit seul, soit avec un petit nombre d'associés ; l'apport, c'est un immeuble déjà déprécié, ou un procédé sans valeur. On sait que les petits capitaux sont nombreux ; ce sont des salaires, des économies péniblement amassées. La loi les sollicite pour la Caisse d'épargne, cette providence des classes laborieuses ; on va les tenter, les séduire par l'appât de bénéfices exagérés. Le fondateur s'est réservé des avantages outrés ; les souscripteurs accourent au bruit des prospectus ; la société est constituée et marche ; le conseil de surveillance est aveugle ou reste silencieux ; on leurre les associés par la distribution de dividendes, mais c'est aux dépens du capital social. Pendant tout ce temps, on a joué sur les actions de ces entreprises, les fondateurs se sont enrichis, puis la société tombe, et que reste-t-il ? quelques gens crédules, qui n'ont en retour de leur argent que du papier sans valeur !

Supposez maintenant que ces sociétés se multiplient, et le caractère national s'y prête plus qu'en aucun autre pays ; il y a longtemps, en effet, que d'Aguesseau, écrivant son mémoire sur le commerce des actions, disait : « Le Français n'a pas changé de caractère depuis Jules César. Extrême en tout, il passe sans milieu de l'excès de la confiance à l'excès de la défiance. Il n'y a point de pays où l'on *puisse hasarder plus aisément des entreprises qui ne roulent que sur l'opinion.* » Supposez donc que les capitaux soient détournés souvent des affaires utiles, pour se perdre dans ces régions stériles, le crédit public ne serait-il pas compromis ? N'y a-t-il pas un grand intérêt à ce que ces fraudes soient réprimées ? Tous ces petits capitaux, qu'on égare, ne méritent-ils pas protection ? La loi doit-elle, par un vain respect de la liberté d'industrie, demeurer impuissante devant ces associations, inventées pour récolter des primes, et qui mériteraient mieux le nom de loteries que celui de sociétés ?

Le Gouvernement ne l'a pas pensé, avec grande raison, et c'est contre ces associations qu'est dirigé le projet. La loi ne touche pas à la liberté de l'industrie ; ce qu'elle veut atteindre, c'est la société qui n'est pas sérieuse, qui n'est pas honnête.

Les signes auxquels on la reconnaît ne sont pas incertains. Ainsi, toute société grevée d'un apport social notablement exagéré est évidemment une déception pour les associés. Toute société dont le capital n'est pas réellement souscrit, qui n'a que des joueurs au lieu d'actionnaires, n'est que l'ombre d'une société, un instrument d'agiotage, une cause de ruine pour le public. Toute société où le contrôle des intéressés ne s'exerce pas avec sincérité et liberté, où l'on trompe sur l'état vrai de l'entreprise, n'est pas une société honnête. C'est à toutes ces fraudes que s'attaque la loi ; ce sont celles qu'elle veut réprimer dans l'intérêt de la morale, de la bonne industrie, des fortunes privées et du crédit public. Quels sont les moyens à l'aide desquels elle espère atteindre ce but désirable ? C'est ce qui nous reste à examiner.

Formation de la société. — Émission et négociation des actions.

La loi s'occupe d'abord de la constitution de la société. Les fondateurs de commandite jouissent, sous ce rapport, d'une liberté complète. Nulles règles sur la division du capital de la société en actions, sur leur forme, sur le moment où la société doit commencer ses opérations, sur la responsabilité des premiers souscripteurs.

Cette liberté absolue est favorable aux combinaisons de la fraude et de la mauvaise spéculation. D'abord, la faculté de fractionner indéfiniment le capital social a conduit à émettre des coupons de la plus étrange exiguïté. Il y a des sociétés dont les actions sont de 25 francs, de 15 francs, de 10 francs, de 5 francs, on dit même de 1 franc. Ces actions s'adressent aux plus petites bourses, à cette partie de la population qui est la moins instruite, la plus accessible aux entraînements. C'est pour ces sortes d'affaires qu'on prodigue les promesses les plus extravagantes ; on agiote, on joue sur ces valeurs imaginaires.

Les vraies sociétés ne comportent pas de pareils titres ; ce ne sont plus des actions, ce sont des billets de loterie. Le projet les supprime par l'art. 1er, et dispose que toute action ne doit pas être d'une valeur moindre de 500 francs, quand le capital social est supérieur à 200,000 francs. Lorsque ce capital n'excède pas 200,000 francs, toute action ou coupon d'action ne peut descendre au-dessous de 100 francs.

Votre commission a donné son approbation complète à cette partie de la loi. Le moyen d'avoir des sociétés sérieuses, c'est de n'y appeler que des associés suffisamment intéressés. Il nous a paru que le minumum de 500 francs est la juste limite ; il comporte les gros capitaux et n'éloigne pas les capitaux moyens, qui sont l'aliment indispensable des entreprises.

L'exception s'appliquant aux sociétés dont le capital n'excède pas 200,000 francs était commandée par la nature des choses ; elle tournera au profit des petites associations ou de ces entreprises modestes, réclamées par l'intérêt communal ou départemental, et qui sont inspirées bien moins par la spéculation que par le patriotisme local.

L'absence de règles sur la constitution des sociétés est encore une source d'abus. Le fondateur d'une société émet ses actions et appelle le public. Les actionnaires viennent, mais en petit nombre ; l'affaire n'en est pas moins constituée, soit dans l'intérêt seul du gérant, soit qu'on se berce d'espérance et d'illusions. L'entreprise prend ainsi aux yeux du public une apparence trompeuse de vitalité ; on marche, on attend vainement les capitaux qui ne viennent pas ; et l'on va, de déceptions en déceptions, jusqu'à la ruine et à la faillite.

Le remède radical, ce serait le versement de tout le capital avant la constitution de la société; mais, d'un côté, on rendrait la formation des sociétés trop difficile; et, d'autre part, ce paiement anticipé serait une perte réelle pour la circulation et la production, et aurait pour conséquence d'accumuler, dans la caisse d'une compagnie, des fonds dont elle n'aurait pas toujours un emploi immédiat.

Le versement d'une portion du capital n'a aucun de ces inconvénients; et il est, dans une certaine mesure, une garantie pour les souscripteurs et pour le public. Le projet dispose que cette fraction, qui devra être préalablement réalisée, sera du quart au moins de la partie du capital social qui consiste en numéraire. Nous avons proposé, et le conseil d'État a adopté, que cette réalisation doit avoir lieu par le versement du quart sur le montant de chaque action.

Le paiement de la totalité du capital social avant la constitution de la société offrirait des dangers; mais la souscription intégrale de ce capital n'en présente aucun; et c'est vraiment un des signes auxquels on reconnaît qu'une société est sérieuse, et qu'elle ne deviendra pas une déception pour les tiers et pour les souscripteurs. On l'exige toujours quand il s'agit d'une société anonyme. Votre commission en fait l'objet d'un amendement qui a été admis par le conseil d'État.

Le projet de loi prescrivait que la réalisation fût constatée par acte notarié. Cette disposition, qui imposait à l'officier public des recherches souvent difficiles dans la pratique, et dont sa responsabilité aurait pu s'inquiéter, nous a paru être remplacée utilement par une nouvelle rédaction. Nous avons proposé que le versement préalable du quart et la souscription fussent l'objet d'une déclaration notariée par le gérant, qui serait tenu d'y joindre la liste des souscripteurs et l'état des versements. C'est à la fois une preuve à l'appui de la sincérité de la déclaration, et un document important en cas de poursuite des premiers souscripteurs pour défaut de paiement des actions. Nous avons pensé, enfin, qu'il convenait de laisser aux fondateurs de sociétés toute liberté de rédiger les statuts sociaux, soit par actes privés, soit devant notaires ; mais que, dans l'intérêt des actionnaires, le dépôt de l'acte était indispensable. Le conseil d'État a admis tous ces amendements.

On stipule quelquefois, dans les actes de société, qu'une portion seulement du capital social sera émise provisoirement, et on abandonne au gérant, soit seul, soit avec l'autorisation du conseil de surveillance, la faculté de faire émission d'une nouvelle série d'actions. De là peuvent naître des abus de toute sorte ; et nous avions proposé qu'on subordonnât cette émission à la double condition que le capital primitif fût recouvré en totalité, et que l'assemblée générale des actionnaires eût donné une autorisation. Le conseil d'Etat a rejeté cet amendement.

Quelle sera la forme des actions ? Actuellement elles peuvent être, soit nominatives, soit au porteur, au gré des fondateurs. Cette liberté doit-elle être maintenue ? C'est une question qui appelait l'attention du législateur.

Personne, en effet, n'ignore les abus auxquels a donné lieu le droit de créer des actions au porteur dès l'origine d'une société. L'action au porteur, d'une négociation si facile, si prompte, qui ne laisse aucune trace de son passage, se prête merveilleusement au jeu et à l'agiotage. Telle personne, qui ne voudrait pas mettre sa signature sur un papier décrié par l'opinion, voit ses scrupules s'évanouir quand son nom doit rester caché. Parmi tous ces souscripteurs qui s'agitent à l'annonce d'une entreprise nouvelle, combien n'y en a-t-il pas qui n'entrent dans la société que pour en sortir le plus vite possible ; qui courent après des bénéfices sans risque, qui attendent tout de la prime des actions et rien de la société ! C'est l'émission des titres qui est devenue le commerce lui-même ; c'est sur ces titres, c'est sur des promesses, sur de simples éventualités, avant toute opération sociale, que s'établit la hausse ou la baisse; puis on se retire de cette société, qu'on n'a fait que traverser, pour courir après d'autres spéculations.

La commission de la Chambre des députés, frappée déjà, en 1838, de ces abus si favorisés par les actions au porteur, proposa d'en interdire l'émission. Votre commission a été saisie de la même proposition par un amendement de l'honorable M. Millet.

La nécessité d'adopter une mesure si radicale ne nous a point été démontrée. L'action au porteur est entrée dans les habitudes commerciales ; et, renfermée dans de justes bornes, c'est une heureuse conception du crédit. Nous préférons la combinaison présentée par le projet de loi dans l'art. 2.

Cet article dispose que les actions des sociétés en commandite sont nominatives jusqu'à leur entière libération. La loi se proposant de diminuer l'agiotage et de constituer des sociétés sérieuses, cette disposition rentre dans son esprit. C'est surtout à l'origine des sociétés qu'il faut saisir l'agiotage, car c'est alors que le charlatanisme agit avec succès. On est encore dans l'inconnu, dans la période des illusions et des entraînements; plus tard, le capital sera versé, l'entreprise aura marché ; on saura ce qu'elle produit. Or l'obligation d'être en nom jusqu'au versement de tout le capital tend évidemment à éloigner des sociétés tous ces actionnaires nomades qui, n'y apparaissant que pour jouer sur les titres, n'apportent aussi à la société qu'un capital factice et une ombre de vitalité.

Le projet atteint ce but, d'une manière plus directe et plus sûre encore, en disposant, dans l'article 3, que les souscripteurs d'actions sont responsables du montant intégral de ces actions. Cette disposition a pour elle le droit; elle offre, il est vrai, des inconvénients ; mais elle a ce grand avantage, celui qui nous touche surtout, c'est qu'elle attache aux sociétés des commanditaires sérieux, vraiment intéressés à leurs destinées. On n'a pas un capital vraiment souscrit quand le souscripteur originaire peut se retirer d'une entreprise après un versement partiel ; c'est compromettre le succès de la société. Viennent les orages; et ce capital disparaît, s'évanouit, emportant, avec la fortune et la liberté du gérant, la garantie des tiers et des créanciers.

Fidèle à cette pensée, votre commission a proposé au conseil d'État de supprimer le second paragraphe de l'article 3, qui permet de déroger, par des conventions, à cette prescription jusqu'à concurrence de la moitié de chaque action. Le conseil d'État a adopté cet amendement.

La loi n'atteindrait pas son but si elle laissait une liberté complète pour la négociation des titres. Reproduisant des dispositions analogues, qui sont écrites dans les lois du 15 juillet 1845 et du 10 juin 1853, relativement aux actions des chemins de fer, le projet veut que les actions des commandites ne soient négociables qu'après le versement des deux premiers cinquièmes.

Votre commission ne pouvait que donner son assentiment à cette disposition. Elle entend, comme l'exposé des motifs, que la loi ne frappe pas ces actions d'une indisponibilité absolue. Elles peuvent être cédées par tous les modes qu'autorise le droit civil; ce que la loi interdit, c'est la négociation, c'est la transmission par la voie commerciale.

La loi serait vaine si, après avoir déterminé la valeur des actions, leur forme et leurs conditions d'émission, elle n'attachait pas une sanction pénale à la violation de ses prescriptions. Tel est l'objet des articles 11, 12 et 13 du projet.

L'article 11 punit l'émission d'actions ou de coupons d'actions d'une société constituée contrairement aux deux premiers articles de la loi. L'article 12 réprime la négociation d'actions ou de coupons d'actions, dont la valeur et la forme seraient contraires aux articles 1 et 2 du projet, ou pour lesquels le versement des deux cinquièmes n'aurait pas été effectué.

Le même article atteint la publication de la valeur de ces actions. Votre commission a pensé qu'il convenait d'ajouter l'intermédiaire au publicateur, qu'aucune distinction ne devait être faite entre ces intermédiaires, et qu'il convenait de supprimer l'article 13 du projet relatif aux agents de change.

Le conseil d'Etat a adopté notre amendement.

La partie de la loi que nous venons d'examiner a été l'objet de deux amendements. Le premier, dont l'auteur est l'honorable M. Latour-Dumoulin, et qui porte les signatures de quarante-deux de nos collègues, est ainsi formulé : « Les sociétés en commandite par actions, ayant pour objet l'achat et la vente des valeurs industrielles, devront, dans le mois qui suivra la promulgation de la présente loi, se pourvoir devant le Gouvernement, afin d'être autorisées à se transformer en sociétés anonymes. »

L'honorable M. Latour-Dumoulin ne propose pas, comme on voit, d'interdire à toute société de se former pour l'achat et la vente des valeurs industrielles ; ce qu'il veut, c'est qu'une société de cette nature prenne la forme anonyme. Nous faisons remarquer encore que, la prohibition ne portant que sur les valeurs industrielles, des sociétés pourraient, dans ce système, s'établir pour l'achat et la vente des effets publics. Enfin, ce n'est pas seulement l'avenir qu'il s'agirait de régler ; ce serait le passé ; et, s'il existait aujourd'hui des sociétés de cette nature, il faudrait les liquider, et cela dans le délai d'un mois. Cette dernière considération seule eût été décisive contre l'amendement.

Le second amendement, présenté par l'honorable M. Devinck, est ainsi conçu : « Il est interdit aux sociétés en commandite, dont le capital est divisé en actions au porteur, de se livrer habituellement aux opérations de Bourse, qui ont pour objet l'achat et la vente des effets publics, actions industrielles ou commerciales. »

On voit que ce qui est prohibé par l'amendement, c'est

l'habitude des opérations de Bourse. Peut-être pourrait-on se demander ce qui constituerait ici l'habitude; comment elle serait constatée; à quelles recherches seraient livrées toutes les sociétés. Mais ne nous arrêtons pas à ces objections de détail, que nous pourrions multiplier; c'est par des considérations plus générales et d'un autre ordre que nous avons cru devoir rejeter les deux amendements.

Votre commission a rendu justice au sentiment plein de moralité qui les a inspirés; ce qui a été la pensée dominante de nos honorables collègues, c'est la crainte que de pareilles sociétés ne puissent devenir, à un moment donné, des instruments de jeu et d'agiotage. Votre commission considère que ce serait aller bien loin d'interdire, à raison de ces dangers possibles, l'achat et la vente des effets publics, des actions industrielles, c'est-à-dire de ces titres qu'il est licite de vendre, qui doivent être négociés, dans l'intérêt de l'Etat comme dans celui de ces innombrables porteurs, qui ont besoin d'avoir un marché.

Votre commission considère qu'il y aurait quelque chose d'anormal à accorder aux sociétés anonymes ce qu'on refuse aux sociétés en commandite; à permettre aux commandites par actions nominatives ce qu'on défendrait aux commandites par actions au porteur; à empêcher qu'une société ne fît ce qu'une banque a le droit de faire tous les jours; à interdire aux petits capitaux réunis d'opérer comme les gros capitaux.

Votre commission considère encore que, appeler ainsi l'Etat à la direction du crédit, ce serait lui faire un présent dangereux. Le conseil d'Etat s'est longtemps refusé à élever les établissements de banque au rang de sociétés anonymes. Les autorisations qu'on accorde dans ce genre sont bien rares encore et une sorte d'exception. La raison est qu'un établissement de finances offre des dangers particuliers et ne comporte pas une surveillance ordinaire. L'Etat ne doit être le tuteur des capitaux que dans une mesure bien restreinte; il les protége contre la fraude, il ne les dirige jamais.

La loi nouvelle tend à diminuer l'agiotage, en éloignant les joueurs des sociétés en commandite, par la forme des actions, par la responsabilité qu'elle impose aux souscripteurs originaires. Le Gouvernement n'est pas allé plus loin; il n'a proposé aucune mesure qui touche, de près ou de loin, au genre de sociétés, objet des deux amendements. Votre commission en a conclu qu'il n'aperçoit, pour le présent, aucun danger qui doive éveiller la sollicitude des pouvoirs publics, et il lui a paru qu'il est sage de ne pas le devancer dans cette voie, où ne l'appelle aucune disposition de la loi nouvelle.

Des apports.

L'expérience a montré que le public est souvent trompé, à l'origine des sociétés, par la valeur exagérée qu'on prête aux apports. Tout le monde est d'accord sur le mal; mais les opinions sont bien divergentes sur le remède à y apporter. On était frappé, en 1838, de la facilité que l'action au porteur donne aux artisans de ces fourberies pour en réaliser le fruit; et on crut que ce serait un préservatif, si la loi interdisait de donner des actions de la société en représentation des apports. L'honorable M. Delamarre (Somme) est entré dans cet ordre d'idées, et propose, par un amendement, que le prix de l'apport consiste toujours dans une part des bénéfices nets de l'entreprise.

Le projet de loi produit un système nouveau. Tout associé qui fait un apport serait soumis, pendant deux ans, à une action en dommages-intérêts.

Votre commission a d'abord constaté une omission dans le projet : on prévoit l'exagération dans les apports; on se tait sur celle des avantages particuliers que le gérant ou les fondateurs stipulent si souvent à leur profit. La combinaison tout entière lui a paru défectueuse, et en voici les motifs. La règle, en matière de droit commun, c'est que les conventions font la loi des parties. La loi y a dérogé pour les mineurs (art. 1305), et jamais pour les majeurs, si ce n'est en cas de partage (art. 887), et en cas de vente (art. 1671), mais seulement au profit du vendeur. On a considéré que celui qui vend un immeuble peut se trouver dans une nécessité pressante ; que son consentement peut n'être pas libre, et quand il a subi une lésion qui excède les sept douzièmes, la loi lui confère une action en rescision. La raison de la loi pour les mineurs s'explique d'elle-même ; et quant aux partages, on n'est restituable pour fait de lésion que parce qu'elle est envisagée comme une erreur de compte.

La légèreté de ceux qui souscrivent des actions est quelquefois bien grande ; mais il est pourtant impossible que la loi les considère comme des mineurs ; que le contrat de société soit l'équivalent d'un acte de partage ; et que cet actionnaire, qui apporte son argent dans une société, qui vient librement adhérer à ses statuts, soit traité comme le vendeur d'une propriété, qui, hésitant entre la ruine ou la honte, finit par opter pour la ruine. Le consentement est ou n'est pas ; s'il n'y a pas de liberté, c'est le contrat même qui se trouve anéanti ; l'actionnaire n'a pas droit seulement à une réparation, il a droit à la rescision du contrat, et il faut lui rendre son argent. Voilà la première nouveauté de la loi.

Le projet en offre une seconde. L'action résultant de la lésion n'est pas admise par nos lois quand il s'agit de meubles. On en donna une raison décisive lors de la discussion du Code : c'est que le prix des meubles est changeant ; c'est que, ces objets, étant soumis à toutes sortes de variations de valeur, il serait impossible de trouver un terme de comparaison assez positif pour établir le prix juste et réel au moment du contrat. L'action serait ici une cause de trouble et d'inquiétude.

Reportons-nous maintenant au contrat de société. Le Code

Napoléon (art. 1833) laisse aux parties, en fait de mise sociale, la plus large latitude. « Chaque associé, dit-il, doit apporter ou de l'argent, ou d'autres biens, ou une industrie. » C'est là une sphère immense : elle comprend non-seulement toutes les choses matérielles, mais encore les facultés intelligentes de l'homme, les inventions de son esprit, le travail de ses mains.

Le projet ne distinguant pas entre les apports, il suit de là que l'action porterait même sur l'apport mobilier; et quel est le délai de cette action? C'est un délai de deux années.

Votre commission est aussi pénétrée que le Gouvernement de la nécessité d'un remède à des abus trop fréquents ; mais le remède ne doit pas être un mal nouveau. Or, c'est une carrière bien périlleuse que celle dans laquelle entreraient les sociétés. Saisissez, en effet, par la pensée, tout ce qu'un souscripteur mécontent, un concurrent jaloux, pourraient apporter d'entraves dans la marche d'une société : les procès avec leur scandale; les enquêtes et les expertises avec leurs lenteurs, avec les pertes qu'elles occasionnent; les jugements mêmes avec leur incertitude. Comment apprécier d'une manière sûre, à deux années de distance, la valeur qu'on pouvait attacher, par exemple, à une industrie, au concours d'un individu, à un procédé industriel, à une invention, au moment de la formation d'une société? L'exposé des motifs répond que c'est possible; nous le voulons bien; mais du moins on ne niera pas que cette action, inventée pour ce souscripteur téméraire qui ne s'est pas donné la peine de s'enquérir, ne soit une source intarissable de difficultés et de procès, et qu'elle ne pèse autant sur les bonnes que sur les mauvaises sociétés.

Toutes ces considérations ont frappé, comme nous, quelques-uns de nos collègues ; de là des amendements. L'honorable M. Delamarre (Somme) a proposé de restreindre les dispositions de l'article 7 à l'apport des objets matériels;

l'honorable M. Dalloz a proposé d'excepter l'apport d'un brevet ou d'une clientèle. Les honorables MM. du Miral et du Marais ont proposé l'expertise. Dans le système de M. du Miral, l'expertise serait facultative; elle serait demandée au tribunal par l'associé, qui voudrait se prémunir contre les recherches des intéressés.

Votre commission a proposé au Conseil d'État une autre combinaison qui a aussi ses inconvénients, mais qui, du moins, n'est en opposition avec aucun principe, et n'offre aucun danger. Les actionnaires sont souvent trompés sur la valeur des apports, et sur les avantages que se réservent certains fondateurs de sociétés. Quelle en est la cause? C'est que, généralement, ils souscrivent plutôt sur la foi d'un prospectus qu'après examen et sur le vu des statuts. Or, souvent le prospectus, qui exagère la valeur de l'apport social, dissimule, au contraire, celle des avantages. Le contrat se forme ainsi sans réflexion et sans contradiction.

Voilà la vraie source des abus; on les diminuerait beaucoup si la loi donnait aux souscripteurs les moyens de vérifier, et si on les mettait, en quelque sorte, en demeure de ne s'engager qu'après examen et avec maturité. Le souscripteur trompé n'aurait, en tout cas, à s'en prendre qu'à lui-même et à sa légèreté, et le recours lui resterait ouvert pour la fraude et pour le dol.

Procédant dans cet ordre d'idées, nous avons proposé qu'une assemblée des actionnaires fût réunie après la souscription et le versement d'une partie du capital social. L'objet de cette réunion serait de pourvoir aux moyens de faire vérifier la valeur de l'apport, et apprécier les avantages particuliers conférés à certains associés. L'assemblée se réunirait de nouveau après cette vérification; la majorité prononcerait; et, si elle approuvait l'apport, la société serait constituée.

L'amendement de votre commission était ainsi formulé :

« Lorsqu'un associé fait, dans une société en commandite

par actions, un apport en immeubles ou en valeurs autres que du numéraire, ou qu'il stipule à son profit des avantages particuliers, l'évaluation de cet apport et l'appréciation de ces avantages sont faites avant toute opération sociale.

« L'assemblée générale des actionnaires, convoquée à cet effet, nomme une commission de contrôle, composée de trois membres.

« Il est adjoint à cette commission un ou plusieurs experts étrangers à la société, et nommés à la requête de la partie la plus diligente, et aux frais de la société, par le président du tribunal civil.

« Cette commission fait un rapport sur lequel, en cas de désaccord, chaque membre doit exprimer séparément son opinion personnelle. Ce rapport est discuté dans une nouvelle assemblée d'actionnaires. L'assemblée approuve ou rejette l'apport à la majorité des voix ; dans le cas d'approbation, la société est définitivement constituée.

« Le rapport de la commission de contrôle est remis signé au gérant, pour être déposé dans les archives de la société. Les procès-verbaux des deux délibérations sont annexés à l'acte de la société.

« L'associé qui a fait l'apport assiste aux deux assemblées, mais n'a pas voix délibérative. »

Cette combinaison n'a aucun des inconvénients qu'entraîne le projet de loi ; l'acquiescement de l'associé est sérieux, donné en connaissance de cause ; c'est, en un mot, la vérité substituée à la fiction. Cette vérification apporterait, il est vrai, un certain retard dans la formation des sociétés ; mais, le danger, à l'origine d'une société, n'est pas dans la lenteur, il est plutôt dans la précipitation. Aujourd'hui, une pareille mesure serait souvent illusoire, et le gérant aurait trop de moyens de surprendre l'approbation des souscripteurs. Le régime nouveau des sociétés offrirait, sous ce rapport, une garantie qu'il ne faut pas oublier. Le gérant, en effet, se trouverait en présence, non plus d'une majorité souvent fictive et complaisante, mais d'actionnaires sérieux, porteurs d'actions nominatives, et responsables du paiement intégral des actions. Cet amendement, qui offrait peut-être l'inconvénient de contenir des formes de vérification trop arrêtées, n'a point été accueilli par le conseil d'Etat.

Votre commission, qui, à l'unanimité, était défavorable à l'art. 7 du projet, a cru devoir en appeler de nouveau à la sagesse du conseil d'Etat, et elle lui a présenté l'amendement suivant :

« Lorsqu'un associé fait, dans une société en commandite par actions, un apport autre qu'en numéraire, ou stipule à son profit des avantages particuliers, l'assemblée générale des actionnaires en fera vérifier et apprécier la valeur.

« La société ne sera définitivement constituée qu'après approbation dans une assemblée ultérieure. »

Votre commission a cru devoir déléguer son honorable président et deux de ses membres pour exposer au conseil d'Etat les motifs de cet amendement. Le conseil d'Etat a été touché des considérations graves sur lesquelles il se fondait, et, d'un commun accord, une disposition nouvelle a été introduite dans la loi.

Des Conseils de surveillance.

Le gérant, dans la commandite, est la personnification de la société. C'est en son nom que se fait tout le négoce, et c'est aussi lui seul qui est responsable. Cachés sous le voile de l'anonyme, les simples commanditaires forment une association de capitaux ; le gérant donne le mouvement à ces fonds ; il les fait fructifier par son intelligence, par son activité ; et sa responsabilité vient fortifier la confiance qui repose déjà sur la richesse de la société.

L'omnipotence du gérant, quand il est inhabile ou infidèle, peut entraîner la perte de la société. La loi désarme-t-elle les associés ? devront-ils assister, impuissants, à la ruine de l'entreprise, sans pouvoir prendre les mesures que réclame le salut commun? La raison dit assez qu'ils ont le droit d'exercer sur la gestion une surveillance profitable à l'intérêt social et à l'intérêt des créanciers. De là, l'habitude de créer, dans les sociétés, des commissions, généralement connues sous le nom de conseils de surveillance. C'est le contrôle à côté de l'action; voilà du moins ce qui devrait être, mais ce qui est quelquefois une déception.

Le conseil de surveillance n'est, en effet, trop souvent qu'une décoration pour la société, une invitation à souscrire, un appel à la confiance. Le gérant a grand soin d'en choisir les membres dans le contrat même de société. L'entreprise se fonde, et l'actionnaire crédule, que certains noms avaient séduit, voit plus tard, dans ces mandataires imposés, rarement des hommes pénétrés du sentiment de leur mission, quelquefois des complaisants, le plus souvent des surveillants sans vigilance, ou ne se permettant qu'avec crainte le plus légitime contrôle. Toute carrière reste ainsi ouverte aux erreurs, aux fautes des gérants; et ce qui devrait être une garantie, et de la bonne gestion, et de la conservation des capitaux de la société, tend de jour en jour à devenir une institution vaine.

Tout le monde est frappé de ces abus, et la partie de la loi qui a pour but de les atteindre est celle qui a fait naître le plus d'amendements présentés à la commission. Tantôt c'est le pouvoir du gérant qu'on proposait de restreindre ou d'entourer de nouvelles garanties; tantôt c'est aux conseils de surveillance qu'on demandait des gages. Ainsi, l'honorable M. du Miral voudrait que le gérant fût propriétaire, sauf une exception, du vingtième du capital; l'honorable M. Delapalme propose qu'il soit tenu d'immobiliser un certain nombre d'actions libérées. L'honorable M. Jubinal est d'avis que le même individu ne puisse être gérant à la fois de plusieurs sociétés en commandite.

MM. Delapalme, du Miral, Delamarre (Somme), astreindraient à la même obligation d'être propriétaires d'un certain nombre d'actions les membres du conseil de surveillance. L'honorable colonel du Marais propose que le choix d'un membre appartienne au préfet du département où se trouve le principal établissement de la société. L'honorable M. Delamarre (Somme) estime que les conseils de surveillance doivent exercer les investigations les plus minutieuses sur tous les actes de la gérance, et propose de supprimer pour eux la pénalité, prononcée par l'art. 28 du Code de commerce, pour cause d'immixtion dans les opérations de la société. L'honorable M. Jubinal a proposé d'établir, au ministère du commerce, un corps de commissaires des commandites qui auraient pour mission la surveillance des sociétés.

Votre commission s'est nettement refusée à entrer dans cet ordre d'idées et de combinaisons. Les avantages qu'elles présentent ne lui ont point échappé. Il est bon que le gérant soit attaché, par un intérêt fixe et permanent, à la bonne administration et au succès de la société. Le conseil de surveillance offrirait aussi plus de garanties, si une partie de la propriété sociale résidait dans les membres qui le composent; mais la loi se trouverait ici entre deux écueils. Fixer la part du gérant et celle des membres du conseil de surveillance à un chiffre trop faible, c'est s'exposer à rendre la précaution illusoire; l'élever trop haut, c'est se priver peut-être de concours utiles. Votre commission a pensé que la loi n'avait point à intervenir dans ces sortes de stipulations; bien d'autres clauses des actes de société offrent aussi matière à des abus; et la loi qui voudrait tous les prévoir et les réprimer tous serait une loi aussi vaine que contraire à la liberté des transactions.

Votre commission n'a pas voulu davantage toucher à la gérance. La puissance du gérant a ses inconvénients, mais elle tient indissolublement à sa responsabilité; et, si vous supprimez cette responsabilité, ce n'est plus une société en commandite qui reste; c'est une sorte de société anonyme, sans les garanties que lui donne l'intervention de l'État. La pénalité attachée à l'immixtion est un autre principe de droit et d'ordre public. Le commanditaire jouit de la faveur de ne pouvoir être recherché que jusqu'à concurrence de sa mise, parce que, devant le public, il n'a engagé que ses fonds. Pourquoi ne serait-il pas responsable, s'il vient à franchir cette limite, s'il administre, et s'il offre sa personne aux tiers, comme source de crédit, comme cause de confiance? On est aujourd'hui frappé du pouvoir du gérant; quand on discuta le Code de commerce, on l'était beaucoup de l'abus contraire. Des commanditaires, dirigeant la société sous le voile d'un mandat, mettaient à la gérance un prête-nom, et renversaient par là les garanties et les combinaisons de la commandite.

Tous ces systèmes écartés, reste le projet du Gouvernement. La loi exige que chaque société soit pourvue d'un conseil de surveillance, composé de cinq membres. Ce conseil doit être nommé, non plus par les fondateurs de la société, mais par les actionnaires réunis en assemblée générale. La nomination doit suivre immédiatement la constitution définitive de la société, et précéder toute opération sociale. On doit le réélire tous les cinq ans au moins.

Votre commission, estimant qu'il pourrait être difficile, pour certaines sociétés, de constituer un conseil de surveillance composé de cinq membres, a proposé au conseil d'État de réduire ce nombre à trois membres, pour minimum. Elle avait pensé aussi qu'il serait utile de soumettre le conseil à une réélection, à la fin de la première année. On ne se connaît pas encore quand la première assemblée se réunit; c'est un peu au hasard qu'on procède à l'élection, et le gérant a trop de facilités pour présenter ses candidats. Plus tard, l'entreprise a marché; on a pu apprécier. Le conseil d'Etat, saisi de ces amendements, a rejeté le minimum de trois membres, et accueilli le second amendement.

Toute société en commandite par actions doit donc être pourvue d'un conseil de surveillance.

L'art. 8 du projet détermine les attributions de ces conseils. Vérifier les livres, la caisse, le portefeuille et les valeurs de la société, voilà leur droit et leur devoir. Le projet ajoutait : « Ils surveillent les inventaires et s'opposent à ce qu'il soit distribué des dividendes fictifs. » Votre commission a proposé d'y substituer la rédaction suivante, que le conseil d'État a adoptée : « Ils font chaque année un rapport à l'assemblée générale sur les inventaires, et sur les propositions de dividendes faites par le gérant. »

Le rôle du conseil de surveillance nous a paru, de cette manière, plus nettement déterminé. La loi n'entend pas, en effet, que le conseil de surveillance soit partie active dans la confection de l'inventaire, qu'il en puisse changer les bases, qu'il en fasse ce qu'on appelle le règlement. C'est un contrôle qui lui appartient ; si l'inventaire ne lui paraît pas exact, il en appelle, par son rapport, à l'assemblée générale, qui juge.

Les membres du conseil de surveillance peuvent être, selon les art. 6 et 10 du projet, soumis à deux sortes de pénalités. Les premières, prévues par l'art. 6, découlent de l'inobservation des règles prescrites par la constitution des sociétés. Tout intéressé a le droit de demander la nullité de ces sociétés ; et, lorsqu'elle est prononcée, les membres du conseil de surveillance peuvent être déclarés responsables des opérations faites après leur nomination.

Cet article n'a rencontré aucune opposition. La vérification que doit faire le conseil de surveillance est simple : le chiffre des actions est-il conforme à la loi ? le capital social est-il intégralement souscrit ? la déclaration du gérant constate-t-elle que le quart en numéraire est réalisé, etc., etc. ? Nulle difficulté sous ce premier rapport.

L'art. 10 du projet édicte des pénalités qui tiennent à un autre ordre d'idées. Votre commission avait proposé au conseil d'État de l'amender de la manière suivante :

« *Tout membre* d'un conseil de surveillance est responsable avec les gérants solidairement et par corps :

1° Lorsque sciemment il a laissé commettre dans les inventaires des *énonciations ou omissions frauduleuses*, préjudiciables à la société ou aux tiers ;

« 2° Lorsqu'il a, en connaissance de cause, consenti à la distribution de dividendes qu'il savait n'être pas justifiés par inventaires. »

La substitution des mots *tout membre* à ceux-ci : *les membres du conseil de surveillance*, avait pour but de mieux indiquer que, dans l'esprit de la loi, chaque membre n'était responsable que de son fait personnel, ce qui d'ailleurs était aussi la pensée du conseil d'État.

Cet amendement n'a été adopté qu'en partie, et l'art. 10 s'est trouvé ainsi rédigé définitivement :

« Tout membre d'un conseil de surveillance est responsable avec les gérants solidairement et par corps :

« 1° Lorsque sciemment il a laissé commettre dans les inventaires des inexactitudes graves, préjudiciables à la société ou aux tiers ;

« 2° Lorsqu'il a, en connaissance de cause, consenti à la distribution de dividendes non justifiés par des inventaires sincères et réguliers. »

Les dispositions de l'article 10 paraissent avoir produit quelque émotion. On s'en préoccupe pour les gérants et pour les sociétés ; on signale les entraves qu'une surveillance minutieuse et tracassière peut apporter à la gestion ; on craint que la responsabilité attachée aux fonctions des conseils de surveillance ne produise l'effet contraire à celui qu'on attend, qu'elle n'éloigne les hommes sérieux. Voyons ce qu'il y a de fondé dans ces craintes.

Votre commission constate d'abord que la loi n'apporte aucun changement ni aux attributions ni aux devoirs des conseils de surveillance. La loi ne crée pas ; elle déclare, elle rappelle des obligations trop oubliées et trop méconnues. Les commanditaires ont toujours eu le droit de surveiller la gestion et de déléguer ce droit à ceux des associés qui jouissaient de leur confiance. La surveillance est un mandat qui impose des devoirs. Les attributions existaient, mais elles n'étaient ni définies ni précisées ; on ne les exerçait qu'avec inquiétude, on redoutait de s'immiscer dans la gestion ; la loi éclaire, et, sous ce premier rapport, elle est bien plus propre à donner la confiance et la sécurité qu'à inspirer la crainte.

L'esprit de la loi n'est pas davantage un esprit hostile à l'autorité du gérant. La loi n'admet pas que le conseil de surveillance puisse participer aux actes de gestion extérieurs et patents ; là serait cette confusion qui amène la pénalité prononcée contre tout associé qui s'immisce dans l'administration. La loi n'admet pas même une intervention pour ainsi dire domestique dans la direction pratique et journalière des affaires. Un gérant n'est pas libre quand un conseil d'intéressés lui trace la marche à suivre, prend part à chaque instant à ses opérations, indique celles qui sont à faire, lui demande compte de ses projets, de ses relations, de ses secrets de fabrication. Le conseil de surveillance a le contrôle, le conseil ; il n'a pas la conduite.

Parlons maintenant de la pénalité. Les abus qu'elle réprime sont-ils réels ? Tombe-t-elle sur ceux qu'elle doit justement frapper ? Peut-elle être un motif, pour les hommes sérieux, de déserter les conseils de surveillance ?

Les abus ? Ils sont flagrants. Une des tromperies dont le public est victime, n'est-ce pas l'infidélité dans les inventaires, la distribution, sous dénominations diverses, de bénéfices fictifs ? Ce qui attire le souscripteur, c'est l'espérance des profits ; et quiconque a lu un prospectus sait tout ce qu'on lui en promet. La société marche, elle n'a pas de bénéfices ; mais on est encore près de l'origine, il faut tenir sa promesse, et l'on paie un dividende. On publie ces inventaires mensongers ; le public, séduit, court acheter ces actions ; il s'opère une hausse factice qui trompe les acheteurs, qui inspire confiance aux créanciers. Comment y est-on parvenu ? En prenant sur le capital, en ruinant la société !

Voilà ce que la loi veut réprimer ; et, pour cela, ce n'est pas seulement au gérant qu'elle s'adresse, c'est à ce membre du conseil de surveillance qui, sachant que l'inventaire n'est pas fidèle, en atteste pourtant la vérité et à ses mandants et au public ; qui, sachant que la société est en perte, ne proteste pas, dans son rapport, contre ces dividendes fictifs.

Remarquez que la loi ne punit pas la simple ignorance, la simple négligence : c'est la science, c'est la mauvaise intention, c'est le dol ; et tout cela, quand il s'agit d'omissions ou d'énonciations graves dans l'inventaire. Ainsi disparaissent ces objections tirées de la difficulté d'établir un inventaire exact, d'en vérifier les éléments variables et sujets à erreur : encore une fois, c'est la connaissance, c'est l'intention qui est le point de départ de la responsabilité.

Cette responsabilité doit déplaire aux surveillants de complaisance, à ces hommes que le gérant choisit pour ne rien voir et approuver tout. Plaise à Dieu que la loi éloigne ceux-là des conseils de surveillance ! Mais qu'elle puisse inquiéter, décourager les hommes sérieux ; qu'elle amène dans les commandites le règne des mercenaires, parce qu'il ne sera pas licite d'apposer sciemment son nom au bas d'un inventaire frauduleux : voilà ce que notre raison se refuse à comprendre. Laissez agir les intérêts ; lorsque seront en présence, non plus des actionnaires d'un jour que le gérant aura recrutés, mais des souscripteurs dont on saura les noms, qui auront versé déjà le quart de leur souscription, qui seront responsables, ces intéressés trouveront bien entre eux cinq hommes honorables pour veiller à la conservation de la propriété commune. Ceux-là ne seront pas effrayés de ce que la loi punit les inventaires mensongers, car ils ne seront pas les créatures du gérant, et ce sera leur intérêt d'en obtenir de fidèles. Les sociétés auront ainsi la garantie d'un vrai contrôle.

Votre commission vous a parlé jusqu'à présent des sociétés à venir. Le projet atteint aussi les sociétés antérieures à la loi, et l'art. 15 dispose que ces sociétés devront, dans le délai de six mois, constituer un conseil de surveillance.

Cette disposition a paru, en général, entachée d'un vice de rétroactivité, et on s'est inquiété du trouble qu'elle allait amener dans les sociétés existantes. C'est à une réorganisation de tous les conseils de surveillance, souvent à une révision des statuts sociaux, qu'il s'agissait de procéder, et cela dans un court délai. Les inconvénients de cette mesure ont frappé beaucoup d'esprits, et l'honorable M. le Comte (Côtes-du-Nord) a proposé de la restreindre aux sociétés en commandite qui n'ont pas actuellement de conseils de surveillance.

La majorité de votre commission avait cru devoir proposer au conseil d'Etat la suppression pure et simple de l'article tout entier. Il lui paraissait que les conseils de surveillance actuels tombaient de plein droit sous l'empire de la loi nouvelle, en ce qui concerne et leurs attributions et leur reponsabilité. Restait la réorganisation matérielle des conseils, et elle y voyait beaucoup d'inconvénients et peu d'utilité.

Le conseil d'État n'ayant pas adopté cet amendement, votre commission en a présenté un second, et proposé que l'obligation de constituer les nouveaux conseils de surveillance ne fût imposée qu'aux sociétés non pourvues de conseils, et que le tribunal pût accorder un délai selon les circonstances. Cet amendement a été adopté par le conseil d'État.

Sanctions pénales.

Le gérant d'une société en commandite, qui distribue des dividendes fictifs, est soumis, à l'égard de la société et des tiers, à une responsabilité que prévoit l'article 10 du projet de loi. Votre commission a pensé que cette fraude mérite une répression d'un ordre différent, et elle a proposé par un amendement d'y appliquer la peine prononcée par l'article 405 du Code pénal.

D'autres faits lui ont paru encore devoir être frappés de la même pénalité. Ainsi le gérant qui, simulant des souscriptions, attire des actionnaires; l'individu qui dans le même but publie, de mauvaise foi et contrairement à la vérité, les noms de personnes qui doivent être attachées à la société, commettent de véritables délits. Nous avons proposé de leur appliquer le même article du Code pénal. Le conseil d'État a adopté cet amendement, qui forme l'article 13 du projet nouveau.

Ces dispositions ont paru suffisantes à votre commission; et elle n'a pas cru devoir accueillir un amendement de l'honorable M. Jubinal, qui proposait d'interdire la publication des annonces et prospectus de sociétés en commandite, par la voie des journaux, avant la constitution définitive de ces sociétés

Des actions judiciaires.

Les contestations qui s'élèvent dans le sein des sociétés ont indiqué la nécessité d'une réforme. Le nombre des parties, la difficulté de les connaître, l'éloignement des domiciles, entraînent des frais, des lenteurs, des embarras considérables. L'article 14 du projet a pour but de simplifier les formes de procéder en justice. Votre commission n'a pu qu'applaudir aux motifs développés dans l'exposé du conseil d'État, et elle a adopté les dispositions qu'il propose.

Votre commission arrive au terme de la tâche que vous lui avez confiée. Permettez-nous de résumer ce travail en peu de mots.

Le Code civil et le Code de commerce ont organisé le contrat de société; la loi nouvelle ne porte aucune atteinte, directe ou indirecte, à cette organisation. Même faculté de choisir entre les formes diverses d'association; même droit de régler les conditions du contrat. La société en commandite conserve sa constitution, avec l'autorité de son gérant responsable; avec le droit pour l'associé commanditaire de surveiller la gestion; en un mot, l'édifice de liberté industrielle, élevé par nos Codes, reste debout tout entier.

Que fait donc la loi nouvelle? Elle prévient la fraude; elle la saisit sous quelques-unes de ses formes les plus habituelles; elle oblige les fondateurs des sociétés à la sagesse et à l'honnêteté; elle invite les actionnaires à l'examen et à la prudence; elle protége les petits capitaux; elle diminue et réprime l'agiotage; elle atteint les bénéfices illicites; elle entrave la création des sociétés frauduleuses; elle institue une surveillance efficace; elle tend à substituer, autant que possible, la vérité et la loyauté au dol et au mensonge.

La loi cependant ne pouvait oublier que les associés en commandite ne sont pas des mineurs, et qu'il s'agit d'un contrat dont la liberté est l'âme. La loi fait beaucoup, quand elle punit l'escroquerie, quand elle prévient la tromperie sur le fonds social, quand elle empêche que le public ne soit dupé par de faux inventaires, par la distribution de dividendes fictifs. C'est aux actionnaires à faire le reste; à user des moyens que leur offrent et les lois anciennes et la loi nouvelle; à être sages et circonspects; à ne pas traiter en étourdis; à ne pas tant croire aux gros dividendes, aux miracles des actions; à ne pas rêver des millions sur la foi des prospectus.

Le public doit se persuader que c'est à lui à bien faire ses affaires; qu'il est plus puissant que la loi pour prévenir la fraude; il faut qu'il soit bien convaincu que, dans une forme de société où le gérant est et doit être omnipotent, il n'y a pas de sécurité, il n'y a pas de prospérité, il n'y a pas d'avenir, quand le gérant est inhabile ou malhonnête; c'est à ces conditions seules que les sociétés peuvent prospérer.

Votre commission vous propose d'adopter le projet de loi.

EXTRAIT

DE LA DISCUSSION DE LA LOI AU CORPS LÉGISLATIF.

Séance du 1er juillet 1856.

M. KOENIGSWARTER. — L'orateur, après avoir critiqué les dispositions des articles 1 et 2, qui limitent le chiffre des actions et ne les rendent négociables qu'après leur entière libération, passe aux articles 9 et 10 et s'exprime ainsi :

« Quelle est la situation actuelle des sociétés en commandite? Quel a été le principal inconvénient de ces sociétés? En général, les actionnaires des commandites n'ont aujourd'hui que très-peu de garanties. Quant à l'administration du gérant, sur cent conseils de surveillance, l'orateur croit qu'il y en a peut-être quatre-vingts qui s'appliquent à surveiller le moins possible; c'est qu'ils sont effrayés par les termes des articles 27 et 28 du Code de commerce ; ils craignent que l'acte le plus insignifiant de leur part ne soit considéré comme une immixion dans la gérance et ne les rende responsables ; de là leur tendance à laisser le gérant agir comme il l'entend. Quand les membres du conseil de surveillance commencent à voir que l'affaire va mal, quand ils songent qu'il peut y avoir lieu pour eux d'intervenir, déjà il est trop tard. Et, d'ailleurs, ils sont souvent arrêtés par une difficulté de fait : pour convoquer une assemblée générale, il faut l'assentiment du gérant ; quand le gérant s'y refuse, le conseil de surveillance est réduit à l'inaction.

« L'honorable membre dit qu'il fallait évidemment remédier à cela ; qu'il fallait créer des conseils exerçant une surveillance effective et ne craignant pas de l'exercer. Pour cela, que devait-on faire? Selon l'orateur, on devait rendre complétement irresponsable la situation des membres des conseils de surveillance. A son avis, des hommes honorables, des hommes sérieux, ayant quelque chose à perdre en fortune et en considération, ne se soumettent pas volontiers au danger de la responsabilité; ils sont incessamment poursuivis par la pensée qu'ils peuvent devenir responsables. En les rendant complétement irresponsables, on eût été sûr d'avoir la coopération d'hommes offrant par leur honorabilité les meilleures garanties morales. Selon l'orateur, le projet de loi, au lieu de procéder ainsi, aggrave tellement la situation des membres des conseils de surveillance, que personne, pour ainsi dire, ne voudrait à l'avenir consentir à l'être.

« Si l'on objecte que les cas où le membre du conseil de surveillance pourra être rendu responsable sont clairement indiqués, l'honorable membre concédera que cela peut se soutenir pour l'article 7, et qu'un homme très-prudent pourra parvenir à éviter l'application de cet article; mais ce qu'il ne peut admettre, c'est la disposition de l'art. 10, aux termes duquel tout membre du conseil de surveillance est responsable lorsqu'il a laissé commettre dans les inventaires des inexactitudes graves, etc. L'orateur demande quel est l'inventaire qui pourrait être dressé de manière à donner l'entière conviction que plus tard, après six mois, après un an, les membres du conseil de surveillance ne seraient pas pour ce fait à la merci de la malveillance d'un actionnaire? Un procès est toujours possible. Le membre du conseil de surveillance pourra le gagner, mais il aura eu à le subir. Cela suffit, selon l'honorable membre, pour que les gérants les plus consciencieux et les plus honorables soient désormais dans l'impossibilité de trouver pour les conseils de surveillance des hommes ayant une position élevée et jouissant d'une considération incontestée. Ces gérants seront réduits à chercher parmi les actionnaires des personnes plus ou moins bien placées, auxquelles ils seront obligés de donner une part de bénéfices. L'orateur dit qu'il y a quelques jours cela s'est présenté à Paris dans l'assemblée générale d'une commandite assez importante : le gérant a déclaré qu'il était obligé de proposer, dans la prévision du vote du projet de loi, que les membres du conseil de surveillance eussent à l'avenir 5 pour 100 dans les bénéfices. Or, si cela s'établissait, toute indépendance des conseils de surveillance serait supprimée. Les membres de ces conseils deviendraient plus ou moins des serviteurs du gérant; ils ne pourraient plus prétendre à exercer sur ses actes une surveillance indépendante. Après avoir parlé des gérants consciencieux et honnêtes, l'honorable membre croit qu'il convient de prévoir ce que feraient les autres. Selon lui, ils ne manqueraient pas de faire nommer membres du conseil de surveillance leurs créatures, des hommes à leur entière dévotion. L'orateur croit qu'aussitôt après le vote de la loi beaucoup de membres de conseils de surveillance donneront leur démission; ils s'empresseront de se retirer, parce qu'il leur serait désormais impossible de dormir tranquilles. Des inventaires parfaitement loyaux et exacts peuvent, par suite de circonstances postérieures, paraître avoir été fictifs. Quel homme honorable voudra s'exposer au danger d'être recherché au sujet de ces inventaires? En définitive, sur ce point, l'orateur déclare que, si les actionnaires ont actuellement quelque peu de garanties, ces garanties auront complétement disparu dès que la loi sera votée.

« Le rapport et l'exposé des motifs ont, selon l'honorable membre, parlé avec trop de sévérité des sociétés en commandite. S'il voulait dire tout ce qu'il sait, il se ferait fort de prouver que les sociétés anonymes ont donné lieu à plus d'abus que les sociétés en commandite. Mais il ne veut pas insister sur ce point. Il se bornera à dire que les sociétés anonymes ont vu avec grand plaisir la présentation du projet de loi. Ces sociétés, jusque dans ces derniers temps, avaient joui d'une sorte de monopole et ne craignaient pas de concurrence. Mais tout récemment de grands capitaux se sont réunis en sociétés en commandite et sont venus menacer ce monopole. Les sociétés anonymes ont donc vu avec grand plaisir la présentation d'un projet de loi qui rend les grandes sociétés en commandite impossibles. »

M. Morin. — « Les sociétés en commandite ont donné lieu à quelques abus; des noms honorables ont servi quelquefois d'appât pour attirer les actionnaires; les membres des conseils de surveillance ne se sont pas toujours occupés sérieusement des affaires de la société. Des actionnaires ont été trompés. De là une réaction contre cette forme de l'association; de là la présentation du projet de loi. Dans ce projet, deux parts sont à faire : il y en a une qui paraît excellente à l'orateur; elle comprend toutes les dispositions qui ont pour but de donner plus de régularité à l'émission des actions, plus de sécurité pour les versements, plus d'autorité aux conseils de surveillance; mais d'autres dispositions imposent aux membres des conseils de surveillance de tels devoirs, une responsabilité si grande, que les hommes honorables, haut placés, qui acceptaient ces fonctions, seront portés à les décliner désormais. Cette partie de la loi, l'orateur ne saurait l'accepter. Mais pourquoi, dira-t-on, ces hommes entrent-ils dans des conseils de surveillance sans vouloir en remplir les obligations? La loi les forcera à les remplir plus sérieusement, voilà tout. L'orateur serait le premier à s'applaudir de ce résultat, si la loi pouvait forcer les hommes honorables à accepter les fonctions de membre d'un conseil de surveillance; mais ils les refuseront, et l'effet de la loi sera de les refouler vers les sociétés anonymes. Les sociétés en commandite pourront donc se trouver réduites à accepter pour membres de leurs conseils de surveillance des hommes qui n'offriront pas toujours les garanties désirables. Les hommes de tout point honorables n'hésiteraient pas, au contraire, à y entrer, si les devoirs qui leur sont imposés étaient plus faciles à remplir. Les en éloigner, c'est priver les actionnaires d'une garantie. »

M. Langlais, *rapporteur*, reproduit les arguments qu'il a présentés dans son rapport en faveur de la loi; puis, répondant aux orateurs précédents, il continue en ces termes :

« Les dispositions relatives au conseil de surveillance ont été l'objet de vives attaques, soit dans les bureaux, soit dans la commission; l'honorable membre s'attache à repousser ces critiques. Il rappelle que la société en commandite est une association de capitaux avec absence de responsabilité personnelle pour les simples commanditaires; en face du public se trouve placé le gérant responsable, qui donne à la société le mouvement et la vie, et qui dirige les opérations. L'avantage de cette combinaison, c'est la liberté d'action et l'unité de direction; mais elle présente un danger, à raison du pouvoir absolu qui appartient au gérant. Certaines personnes auraient désiré que ce pouvoir fût amoindri, et qu'en même temps l'on étendît le pouvoir du conseil de surveillance; il semblait qu'on voulût en faire une sorte de conseil des Dix, qui se serait mêlé de tout, mais à condition de rester irresponsable.

« L'orateur dit que c'eût été renverser la commandite; c'eût été substituer à cette forme une ombre de société anonyme avec un conseil de surveillance irresponsable, c'eût été le régime républicain introduit dans l'industrie. Ce système n'est pas nouveau, c'est précisément celui qui existait lorsqu'on a fait le Code de commerce. Sous le Directoire, les sociétés avaient à leur tête des gérants purement nominaux, des hommes de paille; le conseil de surveillance dirigeait tout, percevait tous les profits; puis, si la société venait à être ruinée, les créanciers restaient en présence d'un gérant insolvable. L'honorable membre est persuadé que l'on reviendrait à de semblables résultats si les attributions du conseil de surveillance étaient modifiées d'une manière grave. A ce système, la commission a préféré celui qui est formulé dans l'article 5 du projet. Le conseil de surveillance doit être une garantie contre la mauvaise gestion du gérant ; or, aujourd'hui, ce conseil n'est pas une institution sérieuse, et cela pour deux motifs : le premier, c'est que souvent les mandataires des actionnaires n'ont pas un intérêt véritable et direct dans la société ; le second motif, c'est qu'au lieu d'être choisis par les actionnaires eux-mêmes, ils ne le sont, en réalité, que par le gérant. L'art. 5 du projet veut que les membres du conseil de surveillance soient vraiment des associés et qu'ils soient choisis par les actionnaires. Jusqu'ici, une des causes qui ont empêché les conseils de surveillance d'être composés de membres sérieux, c'est que la loi ne définissait pas bien nettement les pouvoirs de ces conseils ; l'on craignait souvent d'accepter ce mandat, de peur de faire acte d'immixtion, et quelquefois les gérants se servaient de cet épouvantail pour écarter les personnes dont ils auraient redouté le contrôle. La loi nouvelle définit nettement les pouvoirs du conseil. Ces pouvoirs consistent à examiner les livres, la caisse, le portefeuille et les valeurs sociales ; chaque année, il doit être fait un rapport à l'assemblée générale sur les inventaires et sur les propositions de dividendes. Tout cela se faisait jusqu'ici ; mais les membres du conseil pouvaient craindre, jusqu'à un certain point, de courir le risque attaché à l'immixtion ; la loi nouvelle ne laisse plus de place pour cette crainte.

« La responsabilité imposée par l'art. 10 aux membres du conseil de surveillance a effrayé quelques personnes ; l'honorable membre examinera quelles sont la nature et la portée de cette responsabilité. Il fait remarquer que les deux faits auxquels s'applique cet article sont dignes de toute la sévérité de la loi. Les membres du conseil de surveillance peuvent être déclarés responsables en cas d'inventaire frauduleux ou de distribution de dividendes fictifs. Ces deux fraudes sont celles qui se pratiquent le plus souvent. Lorsque certaines sociétés éprouvent quelque difficulté à prendre leur essor, on distribue des dividendes aux dépens du capital ; puis, à la faveur du rapport complaisant fait par le conseil de surveillance, on spécule, on agiote, ou réalise des bénéfices. Pour éviter qu'à l'avenir il en soit ainsi, la nouvelle loi frappe d'abord le gérant auteur principal de la fraude, et avec lui les membres du conseil de surveillance; mais elle a soin de bien déterminer les obligations de ces derniers. Elle leur dit : Vous ferez chaque année un rapport sur les inventaires et sur la proposition relative à la distribution d'un dividende. De deux choses l'une : ou le membre du conseil de surveillance saura que l'inventaire est inexact et qu'il s'agit d'un dividende fictif, ou il ne le saura pas. Dans ce dernier cas, si par exemple le gérant a trompé le conseil par des pièces fausses, les membres qui le composent n'encourent aucune responsabilité; mais, si le conseil de surveillance a connu les faits, si, dans son rapport, il a dit que l'inventaire était exact, sachant qu'il ne l'était pas ; s'il a constaté l'existence de bénéfices qu'il savait ne pas exister, n'est-il pas complice du gérant, et ne doit-il pas être puni comme ce dernier? Cette disposition n'est pas non plus une nouveauté; aujourd'hui même, un membre du conseil de surveillance qui aurait évidemment trompé les actionnaires dans son rapport serait considéré comme complice du gérant. Il est difficile à l'orateur de comprendre pourquoi on s'effraye tant de ce que le projet de loi veut que nul ne puisse être fripon et tromper le public impunément. On craint qu'il devienne presque impossible de trouver des membres pour former le conseil de surveillance; l'honorable membre croit qu'un gérant honnête d'une société en bonne position ne manquera jamais de trouver cinq personnes pour composer ce conseil. »

En terminant, M. le rapporteur dit qu'on a fait beaucoup de bruit autour de cette loi. Il ne s'en étonne pas ; il y a en France un grand nombre de mauvaises sociétés en commandite, il ne manque pas d'hommes qui s'étudient sans cesse à tromper le public; il est tout simple que ceux-là se plaignent du projet; mais le commerce loyal y applaudit, et la loi nouvelle fera le plus grand honneur au Gouvernement qui l'a présentée, ainsi qu'à la Chambre qui la votera, car c'est une loi de moralité et de loyauté.

M. du Miral. — L'orateur présente des critiques contre l'art. 4 du projet et contre les deux assemblées générales qui, aux termes de cet article, devront avoir lieu successivement au sujet de la vérification de l'apport. Il lui paraît qu'il y a là une atteinte à la liberté des conventions; qu'une partie des contractants sera mise à la discrétion des autres; que les actionnaires éloignés, ceux par exemple qui résident à Lyon, à Bordeaux ou à Marseille, éprouveront beaucoup d'embarras et de préjudice si on les oblige deux fois de suite à venir à Paris, au siége de la société, pour se concerter au sujet d'un apport sur lequel certainement ils se seront fait une opinion dès le principe. L'honorable membre considère comme trop compliquées et comme inutiles les formalités de l'art. 4; il croit que l'on aurait mieux donné satisfaction aux craintes de certains actionnaires au sujet de l'apport, si on avait accordé aux fondateurs la possibilité de faire faire judiciairement une estimation préalable de cet apport, estimation dont l'effet eût été d'empêcher toute contestation ultérieure.

Arrivant aux conseils de surveillance, l'honorable membre reconnaît que la commission a raison de dire que le projet n'aggrave pas la situation des membres de ces conseils, et se borne à leur rappeler les devoirs attachés à ces fonctions. La commission aurait pu même ajouter que, loin d'aggraver leur situation, le projet l'adoucit dans une certaine mesure. Sur ce point donc l'orateur se sépare des membres qui ont critiqué le projet de loi. Quelle est la cause véritable de l'inertie des conseils de surveillance? Comment la faire cesser? Comment moraliser les sociétés en commandite et protéger les intérêts des actionnaires? Suivant l'orateur, il aurait fallu modifier la législation de 1807 sous certains rapports, notamment en ce qui concerne les pouvoirs des conseils de surveillance, et le danger qu'entraîne pour leurs membres l'immixtion dans les actes de la gestion. Il y a une chose qu'il ne faut pas oublier, c'est que le Code commercial remonte à 1807. Or, depuis cette époque, une révolution complète a eu lieu dans le monde commercial; aujourd'hui, en une seule année, il se forme plus de sociétés en commandite qu'il ne s'en formait autrefois dans un demi-siècle, et en dix ans sous le règne de Louis-Philippe. *A priori*, est-il donc raisonnable de penser qu'une législation qui a pu convenir en 1807 convienne encore à une situation si différente? Mais il y a un autre fait qu'il ne faut pas perdre de vue : c'est que, à l'époque où fut fait le Code de commerce, la commandite, c'est-à-dire le capital des actionnaires, n'était considérée par le législateur que comme l'appoint de l'apport du gérant. Il n'en est pas de même aujourd'hui; le capital des actionnaires représente de nos jours presque tout le capital des sociétés en commandite. Dans beaucoup de cas, l'apport du gérant n'a pas d'importance. La législation de 1807 a cherché à prévenir les fraudes, à empêcher que les commanditaires pussent, sous le nom d'un gérant peu sérieux, se lancer dans des entreprises téméraires et tromper le public. L'honorable membre n'a pas proposé de leur donner cette liberté : ce qu'il a demandé, c'est qu'en vertu des statuts des sociétés en commandite les conseils de surveillance eussent le droit d'empêcher certains actes du gérant, et même, dans certains cas, eussent le droit de le destituer; la surveillance deviendrait ainsi active et efficace, et l'industrie serait moralisée.

M. Schneider, après avoir justifié les articles 1, 2 et 3 de la loi, arrive à l'article 7 et s'exprime ainsi :

« L'article 7, primitivement proposé par le Gouvernement, constatait qu'on avait reconnu, pour les actionnaires, de graves inconvénients dans l'exagération des apports du gérant. En vue d'y remédier, le Gouvernement admettait une liberté complète au début de l'association; mais plus tard, en cas de lésion de plus de moitié, il était loisible aux commanditaires de réclamer des dommages-intérêts. Suivant l'honorable membre, ce système prêtait à la critique; d'abord parce qu'il n'atteignait les manœuvres frauduleuses qu'au moment où elles étaient consommées peut-être sans retour, et ensuite parce que, dans certains cas, un homme qui aurait fait un apport sérieux et loyal, l'apport d'un brevet, par exemple, pouvait être exposé à des poursuites intéressées et mal fondées.

Quant à M. Du Miral, il voulait que les fondateurs désireux d'éviter des recherches ultérieures pussent faire préalablement évaluer leurs apports par experts. L'orateur croit que, de tous les systèmes présentés sur cette question, celui-là était le plus dangereux. En effet, en supposant que le fondateur eût l'intention de tromper sur la valeur de ses apports, il ferait faire une estimation que les actionnaires réputeraient satisfaisante ou non : s'ils ne s'en contentaient pas, le fondateur en serait quitte pour s'arrêter comme un contrebandier qui se verrait dans l'impossibilité d'introduire un objet en fraude; si l'estimation était acceptée, la constitution de la société se poursuivrait, et les actionnaires seraient définitivement trompés, sans possibilité de recours.

L'honorable membre croit qu'on doit préférer le système de la commission, auquel s'est rallié le conseil d'Etat; ce système se rapproche de celui des sociétés anonymes, dans lesquelles tous les apports sont vérifiés par le conseil d'Etat avant la constitution. Procéder exactement comme en matière de sociétés anonymes, c'eût été néanmoins s'exposer à des lenteurs et à des formalités compliquées; il a donc fallu chercher quelques modifications. La commission s'est demandé ce que c'est qu'un apport dans une société. Elle a reconnu que c'est une quasi-vente. Le propriétaire d'une usine, d'un brevet, d'une valeur quelconque, cherche à en obtenir le prix ; à cet effet, il l'apporte dans une société contre un certain capital ou contre des actions. Dans les ventes ordinaires, l'acheteur et le vendeur se rapprochent, se concertent, et le contrat est fait. La commission a dit aux capitalistes : avant d'entrer dans une société, vous prendrez connaissance de la valeur des apports du gérant, vous vous réunirez, vous chargerez qui vous voudrez d'examiner cette valeur ; puis, si cela vous convient, vous donnerez votre consentement. Lorsqu'on aura procédé de cette manière, si, dans la suite, il est reconnu que les apports ont été exagérés, si les actionnaires sont lésés, ils ne pourront s'en prendre qu'à eux-mêmes et non pas à la loi ; car la loi doit éclairer ceux qui sont sur le point de s'engager, mais elle ne doit pas gêner leur liberté. On ne peut pas réduire les actionnaires à l'état de mineurs ou d'interdits, on doit les traiter comme des hommes raisonnables et se contenter de les mettre en état de contracter en parfaite connaissance de cause.

L'honorable M. Du Miral regrette que le régime de la société en commandite n'ait pas été profondément modifié ; l'orateur répond que, dans l'esprit de tous, cette société apparaît aujourd'hui avec certains caractères spéciaux ; le principal de ces caractères, c'est la liberté d'action du gérant ; la commission n'a pas voulu toucher à ce qui concerne les pouvoirs du gérant, c'est là que se trouve ordinairement le principal élément de succès pour la société ; le succès est presque toujours le prix de cette continuité dans la pensée et de cette promptitude dans l'action, qui ne peuvent appartenir qu'à un gérant libre dans ses allures ; ce sont ces conditions qui assurent la réussite d'une opération.

Sans doute le gérant ne remplit pas toujours ce programme ; mais la commission n'a pas cru que ce fût un motif pour changer rien aux attributions de la gérance. L'honorable membre espère que les actionnaires finiront par comprendre que le succès d'une affaire tient surtout au choix d'un bon gérant; il faut qu'ils sachent que « tant vaut l'homme, tant vaut la chose ». Il faut qu'ils sachent qu'un gérant est comme le capitaine chargé de conduire un navire; c'est lui seul qui, par la précision et l'instantanéité de ses manœuvres, peut faire arriver le vaisseau à bon port. L'orateur répète que, n'ayant à suivre aucun contradicteur sur ce terrain, il n'a pas cru devoir discuter l'ensemble du projet de loi; il se réserve de répondre aux critiques nouvelles qui pourront être présentées lors de la discussion des articles; mais il prie surtout la Chambre de ne pas oublier que tous ces articles se tiennent et que le rejet de l'un d'eux produirait une lacune, un défaut d'harmonie dans la loi.

M. Jubinal a la parole sur l'article 4; il fait remarquer que le paragraphe 3 de cet article veut que dans l'assemblée générale les délibérations soient prises par la majorité des actionnaires présents; que cette majorité doit comprendre le quart des actionnaires et représenter le quart du capital social en numéraire. Mais cette rédaction ne dit pas combien il faudra avoir d'actions pour pouvoir assister aux assemblées. Trop souvent, dans ces réunions, un malheureux actionnaire isolé est opprimé par une majorité d'actionnaires qui se sont partagé un grand nombre d'actions; s'il réclame, il ne peut pas même parvenir à se faire entendre.

M. Bertrand (de l'Yonne), *membre de la commission*, fait remarquer que dans l'article 4 il s'agit de la réunion préparatoire pour la vérification des apports; il est impossible de n'y pas admettre tous les actionnaires, quelque peu considérable que soit le nombre des actions par eux souscrites.

M. le colonel Du Marais demande si le paragraphe dont il vient d'être parlé s'applique à toutes les assemblées générales, ou seulement à celle qui est destinée à la vérification des apports.

M. le comte de Chasseloup-Laubat désire savoir si par les termes dans lesquels est dirigé le paragraphe 3 de l'article 4, on entend seulement la majorité des actionnaires présents ou la majorité des actions représentées. Avec la première interprétation, il serait facile de distribuer deux ou trois cents actions dans autant de mains, et de se procurer ainsi une majorité qui ferait la loi à des actionnaires représentant, quoique moins nombreux, la plus grande partie du capital social.

M. Langlais, *rapporteur*, répond à M. le colonel du Marais que ni la commission ni le Gouvernement n'ont eu l'intention de toucher à la liberté des conventions en ce qui concerne les assemblées générales d'actionnaires ; on a laissé aux personnes qui forment une société le droit d'indiquer la composition des assemblées générales dans les cas ordinaires ; c'est seulement pour le cas spécial de la vérification des apports qu'a été rédigé le paragraphe 3 dont le texte a été cité tout à l'heure.

Quant à la question posée par M. le comte de Chasseloup-Laubat, M. le rapporteur dit que, dans la rédaction donnée au paragraphe 3 de l'article 4, la commission a entendu parler des actionnaires présents ; il ne faut pas oublier qu'au moment où a lieu l'assemblée, toutes les actions sont encore nominatives, et dans tous les cas n'ont pu changer de propriétaire que par le résultat d'un transfert fait dans la forme des actes civils, et non dans celle d'une négociation commerciale. Le mot « actionnaire présent » veut dire ici personne présente et figurant au tableau qui doit être annexé à l'acte de société.

L'article 4 est mis aux voix et adopté.

Les articles 5 et 6 sont également adoptés.

M. Gouin a la parole sur l'article 7, concernant la responsabilité qui, après annulation de la société dans des cas déterminés, peut incomber aux membres du conseil de surveillance pour toutes les opérations faites ultérieurement à leur nomination. L'honorable membre dit qu'il a donné son adhésion aux articles précédents ; il approuve l'esprit de la loi ; il en attend de très-bons effets ; mais il lui semble que l'article 7 va trop loin : ce n'est pas à ses yeux une disposition indispensable, et elle sera d'une application très-difficile. L'orateur convient que, dans l'état présent des choses, le conseil de surveillance a peu d'efficacité ; mais il croit que la sévérité de l'article 7 rendra très-difficile, et même presque impossible, la formation de ce conseil. Même pour des hommes sérieux et habiles, la surveillance n'est pas chose aussi aisée qu'on le suppose ; car, quelle que soit leur aptitude, ce n'est pas par une vérification mensuelle qu'ils peuvent s'assurer qu'il ne s'est glissé dans les écritures ni erreur ni fraude. Ils peuvent être trompés et commettre quelque erreur. Faut-il que, pour cela, ils subissent la responsabilité résultant de l'article 7 ? L'honorable membre croit que des hommes honorables, et dont l'intervention aurait été très-utile, la refuseront lorsqu'elle pourra entraîner de telles conséquences. Encore une fois, il adhère au rapport, aux six premiers articles ; mais les articles 7 et 10 lui paraissent devoir être écartés.

M. Dalloz a la parole sur l'article 12 ; il demande à MM. les membres du conseil d'Etat si, en disant que toute publication de la valeur des actions, pour lesquelles le versement des deux cinquièmes n'aurait pas été effectué, entraînerait une amende de cinq cents à dix mille francs, on a entendu que cette amende sera appliquée au gérant du journal qui aura fait l'insertion, ou bien au gérant de la société en commandite qui l'aura fait faire. Il semble à l'honorable membre qu'il y a là un manque de précision ; il lui paraîtrait, d'ailleurs, exagéré et peu pratique d'exiger que le gérant du journal vérifiât, pour toutes les annonces qui peuvent lui être apportées, si les gérants des sociétés en commandite se sont conformés aux dispositions des articles 1 et 2 du projet de loi. La peine édictée paraît à l'honorable membre devoir être appliquée au gérant de la société en commandite qui a fait insérer l'annonce, et non au gérant du journal où elle a été insérée.

M. Duvergier, *conseiller d'État,* répond que cette disposition de l'article 12 est empruntée à la loi du 15 juillet 1845, où le mot *publication* est employé dans le même sens. Ce mot, dans la loi nouvelle, aura la même signification que dans la loi de 1845. Lors de la discussion de cette loi, la même question fut adressée au Gouvernement, par M. d'Argout, à la Chambre des pairs; le ministre des travaux publics répondit que tout dépendrait des circonstances, et que l'intention de ceux qui auraient fait la publication serait appréciée par les tribunaux. Le Gouvernement fait aujourd'hui la même réponse.

TABLE ALPHABÉTIQUE DES MATIÈRES.

NOTA. *Les chiffres indiquent les numéros de l'ouvrage.*

FIN DE LA TABLE ALPHABÉTIQUE.

Imprimerie de Cosse et J. Dumaine, rue Christine, 2.

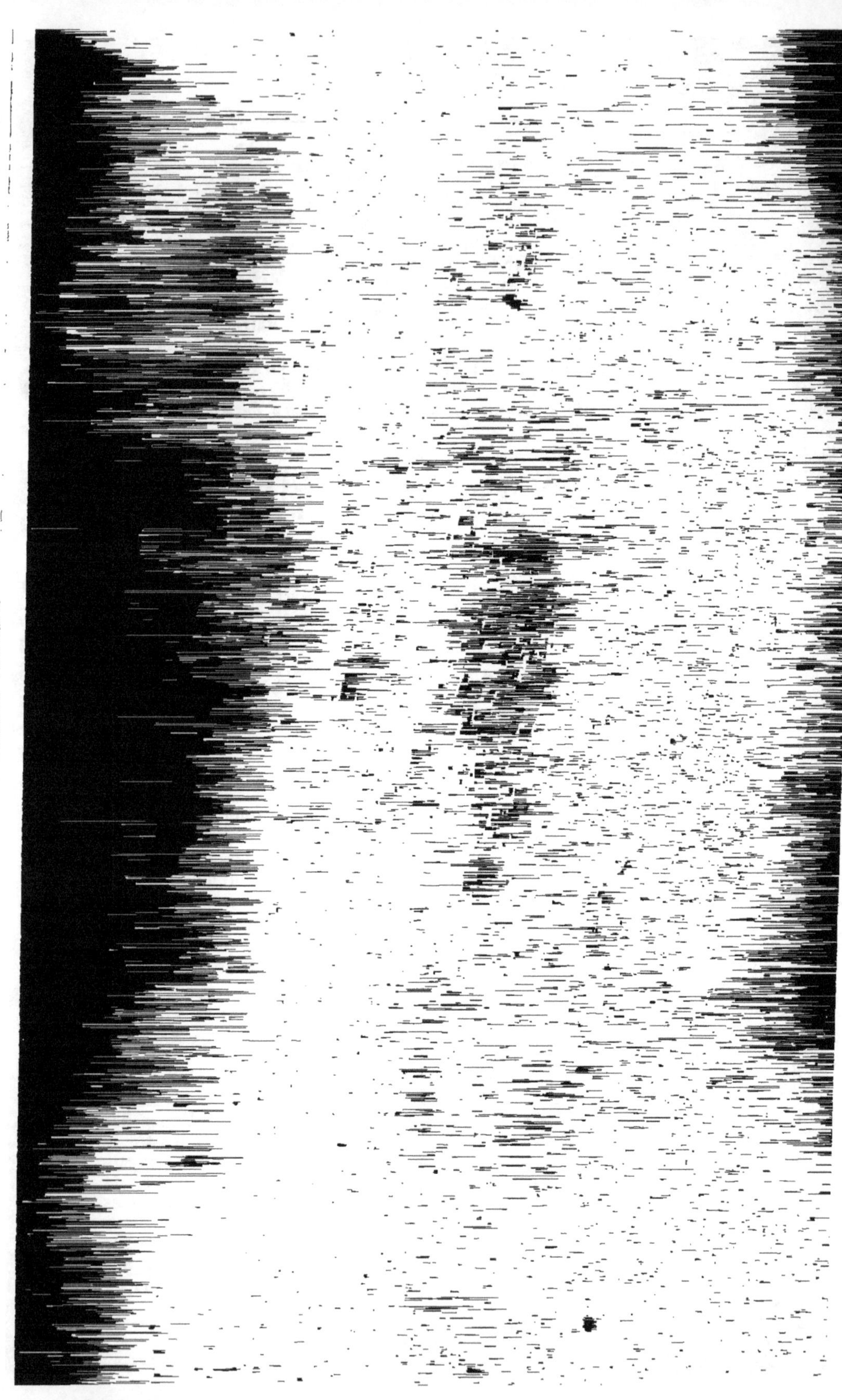

www.ingramcontent.com/pod-product-compliance
Ingram Content Group UK Ltd.
Pitfield, Milton Keynes, MK11 3LW, UK
UKHW031047260726
13965UKWH00006B/700

9 782013 073202